telc

# Prüfungstraining

## Deutsch-Test für den Beruf B1

Ondrej Kotas
Maja Rettig

telc gGmbH
Bad Homburg

**Prüfungstraining**
**Deutsch-Test für den Beruf B1**
**Autorinnen** Ondrej Kotas, Maja Rettig
**Testautorinnen** Gabor Csontos, Ingrid Dressel, Tanja Henk, Pia McManama-Mundhenke
**Illustrationen** Lisa Frühbeis
**Mitarbeit** Caroline Derouet, Susanne Franz, Annette Frisch, Ines Hälbig, Dr. Yannick Müllender
**Satz und Korrektorat** Christiane Manz
**Tonaufnahmen** ten7.ton.studio

Weitere Informationen zu unseren Lehrwerken finden Sie unter:
*www.telc.net/lehrmaterialien.*



1. Auflage 2023


www.telc.net
Printed in Germany

telc Order-Nr: V01-4004-TPR-2301A
ISBN: 978-3-910223-00-4

**Wichtige Abkürzungen und Symbole**

| | |
|---|---|
| bzw. | beziehungsweise |
| ca. | circa (= ungefähr) |
| d. h. | das heißt |
| etc. | et cetera (= und so weiter) |
| z. B. | zum Beispiel |

Aufgabe zum Hörverstehen mit Trackangabe

Abschnitt der Lektion zur Prüfungsvorbereitung

# Hinweise zur Arbeit mit diesem Prüfungstraining

Das **Prüfungstraining Deutsch-Test für den Beruf B1** bereitet Kursteilnehmende in B1-Spezialkursen intensiv auf die Abschlussprüfung *Deutsch-Test für den Beruf B1* vor. Die Teilnehmenden üben anhand von Prüfungsaufgaben und erlernen wichtige Strategien und Techniken zum Lösen der einzelnen Prüfungsteile. Sie erarbeiten Schritt für Schritt, wie jede Prüfungsaufgabe funktioniert und worauf besonders zu achten ist.

**Jede Lektion des Prüfungstrainings**

- wiederholt den prüfungsrelevanten Wortschatz zu einem Handlungsfeld aus dem BAMF-Rahmencurriculum für den B1-Berufssprachkurs.
- thematisiert und übt detailliert jede Prüfungsaufgabe.
- beinhaltet Übungen, die schrittweise an die Prüfungsaufgabe heranführen.
- vermittelt hilfreiche Tipps und Strategien zum Lösen der Aufgaben.
- enthält eine Prüfungsaufgabe.

Die einzelnen Lektionen des Prüfungstrainings beschäftigen sich mit den verschiedenen Teilen der Prüfung *Deutsch-Test für den Beruf B1*.

Dabei steht zunächst das Vokabular des jeweiligen Handlungsfeldes im Fokus. Vielfältige Wortschatzübungen stellen sicher, dass das für die Prüfung relevante Vokabular ausreichend trainiert wird. Offene Wortschatzübungen wie Mindmaps oder Tabellen regen die Teilnehmenden dazu an, sich eigenständig intensiv mit dem gelernten Wortschatz auseinanderzusetzen und diesen zu erweitern.

Der zweite Abschnitt einer jeden Lektion legt den Fokus gezielt auf das Strategietraining zur jeweiligen Prüfungsaufgabe.

Die Lektionen 5 und 12 zu den Prüfungsteilen *Lesen und Schreiben* bzw. *Schreiben* enthalten zusätzlich authentische Lernerleistungen, um die Bewertung der Prüfung und das angestrebte Niveau nachvollziehen zu können. Die Kursteilnehmenden haben so die Möglichkeit, ihre eigene Leistung mit der bewerteten Lernerleistung zu vergleichen und ihre Schreibkompetenz zu verbessern. Sie üben damit auch, ihre Sprachkenntnisse selbstständig einzuschätzen. Die Bewertung dazu finden Sie bei den „Informationen zur Prüfung“.

Das Prüfungstraining unterstützt Lehrkräfte bei der Gestaltung eines abwechslungsreichen und binnendifferenzierenden Unterrichts. Dabei helfen folgende grafische Elemente:

An dieser Stelle werden relevante Informationen zum Aufbau der Prüfungsaufgabe zusammengefasst.

An dieser Stelle werden relevante Strategien für die Bewältigung der Prüfungsaufgabe aufgeführt. So sehen Lernende und Lehrende auf einen Blick, worauf es bei diesem Aufgabentyp ankommt.

Hier wird auf bereits zuvor Gelerntes verwiesen, das durch die Wiederholung gefestigt wird.

Zusätzlich zum Training in den Lektionen kann das Erlernte an zwei Übungstests abschließend überprüft werden. Auch an das Ausfüllen des Antwortbogens wird langsam herangeführt: Im Übungstest 1 finden die Teilnehmenden den entsprechenden Ausschnitt aus dem Antwortbogen direkt neben der Aufgabe, für den Übungstest 2 steht der Antwortbogen kostenlos als Download zur Verfügung, sodass die Prüfungssituation simuliert werden kann.

Ausgewählte Informationen zur Prüfung wie die Bewertungskriterien zu den Subtests *Schreiben* und *Sprechen* sowie die Punkteverteilung helfen den Kursleitenden dabei, sich einen Überblick über das Prüfungsformat zu verschaffen und die Teilnehmenden optimal vorzubereiten.

In unserem kostenlosen Downloadbereich befinden sich die Audiodateien, die Hörtexte und Lösungen zu allen Übungen.

**www.telc.net/lehrmaterialien/downloadbereich**

Die Audiodateien finden Sie auch in der App **telc Deutsch-Box**, mit der Sie und Ihre Teilnehmenden die Audios direkt über das Smartphone abspielen können. Diese finden Sie zum kostenlosen Download in Ihrem Appstore.

Das **Prüfungstraining Deutsch-Test für den Beruf B1** bietet sich sowohl für ein intensives Prüfungstraining im letzten Abschnitt des Spezialkurses als auch für ein begleitendes Prüfungstraining in der letzten Hälfte des Kurses an.

## 1 Arbeitsbereiche

**a** Ordnen Sie die Aufgaben und Tätigkeiten den Bereichen zu.

in der Großküche helfen | einkaufen | Lkws entladen | Lebensmittel bestellen | Waren kontrollieren | Reinigungsarbeiten durchführen | Bäume schneiden | im Alltag unterstützen | Gäste bedienen | Regale einräumen | Blumen pflanzen | bei Spaziergängen begleiten

1 Gastronomie: ..............................

2 Lager: ..............................

3 häusliche Dienstleistungen: ..............................

4 Landschaftspflege: ..............................

**b** In welchen Bereichen möchten Sie gern arbeiten? Welche Tätigkeiten sind dafür wichtig? Tauschen Sie sich mit Ihrer Partnerin/Ihrem Partner aus.

## 2 Wichtige Wörter zum Thema „Arbeit“

Wie kann man das anders sagen? Verbinden Sie.

1 die Vergütung
2 die Fähigkeit
3 der Nebenjob
4 die Teilzeit
5 die Schichtarbeit
6 die Vollzeitstelle
7 auf Minijob-Basis
8 selbstständig
9 überdurchschnittlich

a Es ist nicht der Hauptberuf.
b Etwas ist besonders gut.
c Man arbeitet vormittags, nachmittags oder auch in der Nacht.
d Man verdient nicht mehr als 520 € im Monat.
e Man arbeitet in keinem festen Arbeitsverhältnis für eine Firma oder eine Institution.
f Man arbeitet weniger als Vollzeit, z. B. nur 20 oder 30 Stunden pro Woche.
g das Geld, das man verdient
h Man arbeitet ca. 40 Stunden in der Woche.
i etwas, was man gut kann

## 3 Kompetenzen

**a** Welche Kompetenzen und Fähigkeiten sollte man in diesen Berufen haben? Sammeln Sie im Kurs.

**b** Welches Adjektiv passt? Kreuzen Sie an.

1 Auf Jan kann man sich immer verlassen. Er ist ☐ zuverlässig / ☐ kommunikativ.
2 Narjes kann vormittags oder nachmittags arbeiten. Sie ist ☐ flexibel / ☐ freundlich.
3 Silvia kann gut mit Kunden umgehen und ist immer nett. Sie ist ☐ aufgeschlossen / ☐ erfahren.
4 Kadir kann sehr gut mit anderen Kolleginnen und Kollegen zusammenarbeiten. Er ist ☐ teamfähig / ☐ ordentlich.
5 Samira kommt nie zu spät. Sie ist ☐ pünktlich / ☐ sorgfältig.

**c** Lesen Sie die Formulierungen aus Stellenangeboten. Welche Qualifikationen und Kompetenzen muss man haben **(Muss-Anforderung)**, welche braucht man nicht unbedingt **(Kann-Anforderung)**? Ordnen Sie die Formulierungen den beiden Kategorien zu.

Englischkenntnisse sind ein Plus | Berufserfahrung erwünscht | Führerscheinklasse B ist kein Muss | abgeschlossene Ausbildung ist Voraussetzung | idealerweise haben Sie eine Ausbildung | gute Computerkenntnisse sind von Vorteil | Sie verfügen über mehrjährige Erfahrung im Verkauf | wir erwarten Flexibilität und Offenheit | Sie sollten Interesse an der Arbeit im Freien haben | gute Deutschkenntnisse in Wort und Schrift sind vorteilhaft

Muss-Anforderung: ..............................

..............................

..............................

Kann-Anforderung: ..............................

..............................

..............................

## 4 Unterschiede in beruflichen Situationen verstehen

**Schon gewusst?**

In der Prüfungsaufgabe **Lesen Teil 1** lesen Sie kurze Informationen zu fünf Personen und acht Anzeigen. Sie sollen für jede Person die passende Anzeige finden. **Drei Anzeigen passen zu keiner Person.**

**a** Welche Informationen bekommt man zu den Personen? Welche Arbeit suchen sie? Lesen Sie und markieren Sie die Schlüsselwörter.

1 Ricardo hat zwar keine Kochausbildung, aber viel Berufserfahrung in der Großküche. Er möchte auch in Deutschland in diesem Bereich arbeiten.
2 Paulina sucht eine Stelle im Gastronomiebereich, kann aber nur Teilzeit arbeiten.
3 Nathan hat seine Ausbildung als Koch beendet und sucht eine Vollzeitstelle.
4 Vanessa möchte mit ihrer Freundin einen kleinen Imbiss im Stadtzentrum eröffnen.
5 Iveta studiert noch und sucht einen Minijob am Wochenende oder abends.

**b** Welche Unterschiede gibt es in den Situationen aus 4a? Sprechen Sie mit Ihrer Partnerin / Ihrem Partner.

*Nathan sucht eine Vollzeitstelle, Paulina und Iveta aber nicht.*

*Stimmt. Nathan hat auch …*

**c** Lesen Sie die Informationen zu den Personen. Wer sucht eine Arbeitsstelle **(A)**, wer einen Raum **(R)**? Notieren Sie.

1 *A* Kira sucht eine Festanstellung in einer Konditorei.
2 ........ Roman kann Fahrräder reparieren und möchte eine Werkstatt mieten.
3 ........ Katja würde gern in Teilzeit arbeiten und sucht eine Stelle als Verkäuferin in einem Modefachgeschäft.
4 ........ Vanessa möchte einen Imbiss im Stadtzentrum eröffnen und sucht ein kleines Ladenlokal.
5 ........ Sanja sucht ein geeignetes Ladengeschäft für einen Zeitungskiosk.
6 ........ Milan ist selbstständiger Grafiker. Er möchte ein Büro mieten.

## 5 Anzeigen verstehen

**Schon gewusst?**

In dieser Prüfungsaufgabe gibt es zwei Anzeigentypen: **Stellenanzeigen** und **Immobilienanzeigen**.

Lesen Sie die drei Anzeigen. Ordnen Sie ihnen die Überschriften zu.

1 Hilfe im Haushalt | 2 Aushilfe im Laden | 3 Ladengeschäft

a ☐ Sie sind ordentlich und flexibel? Sie haben Computer-Grundkenntnisse und wollen Neues lernen? Für Fahrradgeschäft und -werkstatt suchen wir genau Sie! Eine Ausbildung ist nicht notwendig. • Teilzeit und flexible Arbeitszeit möglich • attraktive Bezahlung • Ihre Aufgaben: Kundenbetreuung, Ware bestellen und kontrollieren, Formulare ausfüllen usw.

b ☐ *Wir suchen eine freundliche und zuverlässige Person als Unterstützung für unsere 80-jährige Mutter. Führerschein erwünscht • 3 Nachmittage pro Woche und auch am Wochenende • Einkäufe, Arztbesuche, Spaziergänge und Zubereitung von kleineren Mahlzeiten • Unterstützung bei Reinigung oder Gartenarbeit*

c ☐ *Für €350,– pro Monat zu vermieten (Nebenkosten nicht inklusive) • 40 qm im Erdgeschoss • WC vorhanden, muss aber renoviert werden • Gasheizung • viele Fenster • S-Bahn in der Nähe • nur gewerblich*

## 6 Schlüsselwörter finden und den Situationen die passende Anzeige zuordnen

**So geht's**

Für **alle vier Teile des Subtests Lesen** haben Sie **40 Minuten Zeit**. Es ist wichtig, dass Sie nicht zu lange für einzelne Teile brauchen. Ordnen Sie deshalb bei **Lesen Teil 1** schnell die Schlüsselwörter aus den Situationen den entsprechenden Schlüsselwörtern aus den Anzeigen zu.

**a** Lesen Sie die Information zu der Person und die beiden Anzeigen. Welche Anzeige passt? Welche nicht? Warum? Die markierten Schlüsselwörter helfen Ihnen.

Cosmina näht sehr gern und möchte eine Änderungsschneiderei eröffnen. Dafür sucht sie ab sofort einen geeigneten Raum in zentraler Lage.

1 **Werkstattraum**
Wir suchen Nachmieter für eine Werkstatt! • Heizung und Wasseranschluss vorhanden • kleinere Renovierungsarbeiten notwendig • Autostellplatz in der Nähe • große Werkbank • Wandregale • hohe Decken, etwa 3,50 m • ab sofort günstig zu vermieten • Lage: Stadtrand

2 **Geschäftsraum / Ladengeschäft**
ca. 45 qm im Erdgeschoss • mit WC und Zentralheizung • es gibt große Fenster, der Raum ist schön hell • in Innenstadtnähe • nur gewerblich • Miete: 350,00 € pro Monat, Nebenkosten nicht inklusive • 5 Kundenparkplätze • Einzug ab sofort

**b** Lesen Sie die Information zu der Person und die beiden Anzeigen. Welche Anzeige passt? Markieren Sie Schlüsselwörter in der Information und in den Anzeigen.

Levan hat fünf Jahre im Service gearbeitet und sucht eine qualifizierte Stelle in der Gastronomie.

1 ☐

***Hotel Linde, Regensburg***
*Für unseren Cateringservice und die Betreuung von Veranstaltungen suchen wir ab sofort einen Mitarbeiter (w/m/d). Arbeitszeiten zwischen 5:30 und 15:30 Uhr, selten Abendschichten. Sie haben eine Ausbildung als Hotelfachfrau/-mann oder mehrjährige Erfahrung als Servicekraft und gute Deutschkenntnisse (Englischkenntnisse sind von Vorteil)? Dann melden Sie sich bei uns! Auch Teilzeit möglich.*

2 ☐

***Gastro Resort, Hannover***
*Sie haben noch keine Ausbildung, möchten aber eine erfolgreiche Karriere in der Gastronomie starten und später einen qualifizierten und gut bezahlten Beruf ausüben? Bei uns arbeiten und lernen Sie gleichzeitig und bekommen auch schon Ihr erstes Gehalt. Sie lernen viele Bereiche der Gastronomie kennen und können später auswählen, in welchem Sie Ihren Berufsweg fortsetzen möchten.*

## 7 Prüfungsaufgabe: Lesen Teil 1

Lesen Sie die Informationen zu den Personen 1–5 und die Anzeigen a–h. Welche Anzeige passt zu welcher Person? Markieren Sie Ihre Lösungen.

| | a | b | c | d | e | f | g | h |
|---|---|---|---|---|---|---|---|---|
| **1** | ☐ | ☐ | ☐ | ☐ | ☐ | ☐ | ☐ | ☐ |
| **2** | ☐ | ☐ | ☐ | ☐ | ☐ | ☐ | ☐ | ☐ |
| **3** | ☐ | ☐ | ☐ | ☐ | ☐ | ☐ | ☐ | ☐ |
| **4** | ☐ | ☐ | ☐ | ☐ | ☐ | ☐ | ☐ | ☐ |
| **5** | ☐ | ☐ | ☐ | ☐ | ☐ | ☐ | ☐ | ☐ |

**So geht's**

Lesen Sie die fünf Situationen und markieren Sie direkt die Schlüsselwörter. Suchen Sie in den Anzeigen schnell die relevanten Informationen.

**1** Matthias sucht eine Vollzeitstelle und arbeitet gern abends.
**2** Olena mag Kinder und möchte nachmittags arbeiten.
**3** Jonas sucht einen Minijob und bewegt sich gern draußen.
**4** Shirin möchte ihren eigenen Friseursalon eröffnen.
**5** Juan sucht einen Nebenverdienst – nur am Morgen.

**So geht's**

Markieren Sie immer eine Lösung auf dem Antwortbogen, auch wenn Sie nicht sicher sind.

**a Taxifahrer (m/w/d)**

*Taxiunternehmen Gerking, Köln*

Fahren Sie gern Auto? Sind Sie zeitlich flexibel? Arbeiten Sie gern während der Woche am Abend? Taxifahrer in Teilzeit für Nachtschicht gesucht! Erfahrung ist vorteilhaft, Freundlichkeit ist Voraussetzung.

mehr ...

**b Haushaltshilfe (w/m/d)**

*Familie Gomez, Weimar*

Familie sucht kinderfreundliche Haushaltshilfe für Montag bis Donnerstag 14 bis 17 Uhr. Ihre Aufgaben: das Haus sauber halten, beim Einkaufen helfen und für die Kleinen kochen. Wir legen Wert auf Freundlichkeit!

mehr ...

**c Verkaufskraft (w/m/d)**

*Bäckerei Laugenbrezel, Tübingen*

Frühaufsteher für Nebenjob gesucht! Wir brauchen eine zuverlässige Unterstützung für Bäckerei in zentraler Lage. Arbeitszeit ab 5:30 Uhr, faire Bezahlung, stundenweise, auf Minijob-Basis, junges, dynamisches Team und freundliche Kollegen

mehr ...

**d Kurierfahrer**

*Lindau*

Unser Restaurant sucht dringend einen Fahrer mit eigenem Auto auf Minijob-Basis. Arbeitszeit ab 18 Uhr, Zuverlässigkeit und gute Deutschkenntnisse von Vorteil. Bei Interesse rufen Sie uns an!

mehr ...

**e Friseur (m/w/d)**

*Friseursalon Schnelle Schere, Eckernförde*

Mehrere ausgebildete Hair-Stylist*innen in Vollzeit für unseren Salon gesucht. Festanstellung, Arbeitszeit von Dienstag bis Samstag. Sie haben ein freundliches und gepflegtes Auftreten? Dann bewerben Sie sich bei uns!

mehr ...

**f Ladengeschäft**

*Hamburg*

Schöner Ladenraum in der Innenstadt zu vermieten: neu renoviert, viele Wasseranschlüsse und Steckdosen vorhanden, geeignet als Friseursalon oder Kosmetikstudio, 80 Quadratmeter Ladenfläche. Ab sofort verfügbar.

mehr ...

**g Kellner (m/w/d)**

*Restaurant Thessaloniki, Marburg*

Wir bieten: Vollzeitbeschäftigung, überdurchschnittliche Vergütung. Arbeitszeit: auch samstags und sonntags und besonders in den Abendstunden. Erfahrung in der Gastronomie ist von Vorteil.

mehr ...

**h Lieferfahrer (m/w/d)**

*Apotheke Schildhorn, Berlin*

Fahrer für Lieferung von Medikamenten dringend gesucht!
Du belieferst unsere Kunden mit dem Fahrrad, ca. 2 Stunden am Tag, flexible Arbeitszeiten bei fairer Bezahlung.

mehr ...

## 1 Weiterbildungsangebote

**a** Was passt zusammen? Ordnen Sie zu.

1 den Arbeitsmarkt
2 sich für eine Weiterbildung
3 die eigenen Qualifikationen
4 die Voraussetzungen
5 Fördermittel
6 eine Prüfung

a erweitern
b beantragen
c erfüllen
d kennenlernen
e anmelden
f ablegen

**b** Welche Weiterbildungen machen die Personen? Warum? Markieren Sie im Text.

1 *Ich habe eine interessante Stelle als Mechaniker bei einer großen Firma. Letztes Jahr habe ich eine berufliche Qualifizierung im Bereich Teamführung online absolviert und jetzt leite ich ein kleines Team – das macht total Spaß und ich verdiene auch mehr Geld!*

2 *Ich bin im Moment auf der Suche nach einem neuen Arbeitsplatz. Ich habe zwar eine Ausbildung als Erzieherin, aber eigentlich möchte ich im Bereich Pflege arbeiten. Ich mache zurzeit also eine Weiterbildung zur Pflegehelferin – das erhöht meine Chancen auf dem Arbeitsmarkt.*

3 *Ich arbeite seit ein paar Jahren als Lagerist. Schon nach dem ersten Jahr in meinem Job war klar: Ich muss meine Sprachkenntnisse unbedingt verbessern! Ich habe teilweise die Lieferanten nicht verstanden. Deswegen habe ich einen Englischkurs gemacht. Das hat mich viel Zeit und Energie gekostet, aber es hat sich gelohnt!*

**c** Es gibt viele Angebote für Weiterbildungen und Fortbildungen. Recherchieren Sie unter *www.kursfinder.de/suche/ihk-weiterbildung*.
Welche Weiterbildung finden Sie interessant? Notieren Sie Informationen dazu (z. B. Was lernt man dort? Wie lange dauert die Weiterbildung? Was kostet sie?) und berichten Sie Ihrer Partnerin / Ihrem Partner.

**d** Was passt? Ergänzen Sie die Verben. Achten Sie auf die richtige Form.

durchführen | verbessern | teilnehmen | stattfinden | enthalten | buchen | beschäftigen

1 Der Kurs .................... zweimal wöchentlich ...................., montags und donnerstags.

2 Wir .................... die Fortbildung in unserem Bildungszentrum oder als Onlineveranstaltung .................... .

3 Unser neuer Kollege .................... regelmäßig an einem Kurs .................... .

4 Im Unterricht .................... sich die Teilnehmenden mit aktuellen beruflichen Themen.

5 Nach dem erfolgreichen Abschluss des Basiskurses kann man weitere Kurse .................... .

6 Das komplette Unterrichtsmaterial ist im Preis .................... .

7 Mit einer Weiterbildung .................... man seine Chancen auf eine Einstellung.

**e** Informationen über Weiterbildungen sammeln: Welche Punkte sind wichtig? Finden Sie noch acht Wörter in der Wortschlange.

DAUERINHOPUUNTERRICHTSZEITENUNGUNFFINANZIERUNGEMZTIZERTIFIKATTHEMEVORAUSSETZUNGEN

GENINHALKOSTENGEBANMELDUNGUMGEBUNKURSARTTIONINHALTUMAT

**f** Was passt? Ordnen Sie die Wörter aus 1e den passenden Informationen zu.

1 ....................: Schulabschluss | gute Deutschkenntnisse | ein Jahr Praxiserfahrung

2 ....................: Mo, Mi, Fr | 8–16 Uhr | jeden Nachmittag

3 ....................: Fahrtkosten zum Kursort | Kursgebühr | Preis pro Modul

4 ....................: Basiskurse | Präsenzunterricht | Onlineseminare

5 *Dauer*: Jedes Modul dauert eine Woche. | Die Weiterbildung umfasst drei zweiwöchige Module. | Der Kurs läuft zwei Monate.

6 ....................: Am Ende können Sie eine Prüfung ablegen und ein Zertifikat erhalten. | Die Teilnehmenden erhalten ein Zeugnis. | Bei regelmäßiger Teilnahme bekommt man eine Bescheinigung.

7 ....................: Sekretariat | kostenloser Einstufungstest | Anmeldeformular

8 ....................: In der Fortbildung lernen Sie ... | In diesem Kurs geht es um die Grundlagen von ... | Im ersten Modul trainieren Sie ...

## 2 Einen Text schnell lesen

 **Schon gewusst?**

In der Prüfungsaufgabe **Lesen Teil 2** sollen Sie einen längeren Text zum Thema **Fort- und Weiterbildung** lesen und **vier Multiple-Choice-Aufgaben** dazu beantworten.

 **So geht's**

Trainieren Sie das schnelle Lesen bei jeder Gelegenheit: Lesen Sie Artikel in Zeitungen und Zeitschriften, Kursinformationen der örtlichen Volkshochschule usw.

Arbeiten Sie mit einer Partnerin / einem Partner. Recherchieren Sie unter: *planet-beruf.de/schuelerinnen/was-kommt-nach-der-schule/karriere-mit-ausbildung/weiterbildung*.
Wählen Sie je einen Artikel aus und lesen Sie ihn in zwei Minuten.
Dann erzählen Sie sich gegenseitig die wichtigsten Informationen daraus.

## 3 Andere Wörter, gleiche Bedeutung

 **So geht's**

Im Text und in den Aufgaben dazu kommen in der Regel nicht die gleichen Wörter vor. Lassen Sie sich dadurch jedoch nicht irritieren, sondern überlegen Sie: Welche Formulierungen bedeuten das Gleiche?

Welche Formulierungen haben die gleiche Bedeutung? Verbinden Sie.

| | | | |
|---|---|---|---|
| 1 | eine Kompetenz erlernen | a | ein Modul, das zwei Wochen dauert |
| 2 | täglich | b | der Unterricht findet in der Schule statt |
| 3 | ein zweiwöchiges Modul | c | eine Prüfung erfolgreich ablegen |
| 4 | einen Einstufungstest ablegen | d | etwas trainieren, lernen |
| 5 | Präsenzkurs | e | gut Deutsch sprechen und schreiben können |
| 6 | eine Prüfung bestehen | f | einen Test machen |
| 7 | gute Deutschkenntnisse in Wort und Schrift | g | jeden Tag |

 **So geht's**

Wiederholen Sie regelmäßig den Wortschatz. Die Wortschatzlisten helfen Ihnen: Schreiben Sie am besten Synonyme oder Beispielsätze.

www.telc.net/lehrmaterialien/downloadbereich

## 4 Den Text in Abschnitte teilen

 **So geht's**

In der Prüfung müssen Sie im Text die Informationen finden, die für die Lösung der Aufgaben wichtig sind. Manchmal hilft es, den Text zuerst nur zu **überfliegen** (das heißt, einmal schnell zu lesen). Dann haben Sie schon eine gute Vorstellung, worum es in den einzelnen Abschnitten geht.

**a** Lesen Sie den Text aus einem Weiterbildungsprogramm. Worum geht es in den Abschnitten? Ordnen Sie die Begriffe den Abschnitten zu.

Kursinhalte | Unterricht | Kursart | Thema

### Weiterbildung *Interkulturelle Kompetenz*

In Deutschland leben viele Menschen aus verschiedenen Ländern. Interkulturelle Kompetenz wird dadurch immer wichtiger in allen Lebensbereichen. Wir bieten verschiedene Weiterbildungskurse an, in denen Sie die eigene interkulturelle Kompetenz trainieren können. ..................

Was bedeutet eigentlich „Kultur"? In unseren Seminaren erfahren Sie, wie Kultur unser Tun und Denken beeinflusst, welche Rolle sie im Alltag und am Arbeitsplatz spielt, wie man mit kulturellen Konflikten und Problemen umgehen kann und wie man Vorurteile vermeiden kann. ..................

Bei jedem Seminar haben Sie die Wahl zwischen zwei Möglichkeiten: Der Unterricht findet entweder online oder als klassischer Präsenzunterricht in unseren modern ausgestatteten Seminarräumen im Stadtzentrum statt. ..................

Es gibt in beiden Fällen immer Theoriephasen, Übungen und ein Praxistraining. Das Lernen ist interaktiv und Ihre Dozentin oder Ihr Dozent unterstützt Sie beim Lernen. Jeder Kurs wird von zwei Lehrkräften betreut. Eine intensive Zusammenarbeit, z. B. in Gruppendiskussionen oder bei Projektarbeiten, ist natürlich auch Teil der Weiterbildung. ..................

 **So geht's**

Durch das Überfliegen haben Sie eine Idee vom Textinhalt bekommen. Wenn Sie dann die Aufgaben lesen, wissen Sie schon ungefähr, wo die Informationen stehen, die Sie für die Lösung brauchen. Lesen Sie diese Stellen nun noch einmal genau.

**b** Lesen Sie die Aufgaben. Zu welchen Abschnitten aus 3a passt die Aufgabe? Lesen Sie dort die Information ganz genau und kreuzen Sie die richtige Lösung an.

1 In den Kursen lernt man
- a ☐ die Bedeutung von Kultur kennen.
- b ☐ Menschen aus anderen Ländern kennen.
- c ☐ Probleme zu lösen.

2 Im Kurs
- a ☐ hat man gemeinsame Projekte.
- b ☐ hilft nur eine Lehrkraft den Teilnehmenden.
- c ☐ lernt man nur Theorie.

**Nicht vergessen!**
Unterstreichen Sie beim Lesen direkt die Schlüsselwörter.

## 5 Im Text nach genauen Informationen suchen

**So geht's**

Sie können aber auch zuerst die Aufgaben lesen und dann direkt im Text nach den benötigten Informationen suchen.

**a** Lesen Sie die Aufgaben und markieren Sie die Schlüsselwörter.

1 Der Kurs
- a ☐ findet viermal pro Woche statt.
- b ☐ hat drei Module.
- c ☐ ist vormittags.

2 Die Teilnehmenden
- a ☐ brauchen für alle Kurse einen eigenen PC.
- b ☐ müssen gut Deutsch sprechen und schreiben.
- c ☐ müssen gut Englisch sprechen können.

**b** Lesen Sie nun den Text dazu und suchen Sie die Informationen im Text. Kreuzen Sie in 5a die richtige Lösung an.

Sowohl die digitalen Kurse als auch die Präsenzkurse finden zu festen Zeiten statt. Diese Zeiten sind also in Ihrem Stundenplan festgelegt. Die Weiterbildung umfasst drei zweiwöchige Module. Der Unterricht findet an zwei Tagen in der Woche statt: montags und mittwochs oder dienstags und donnerstags, immer von 16 bis 19 Uhr.

Voraussetzung für die Teilnahme sind gute Deutschkenntnisse in Wort und Schrift und für die Onlinekurse auch ein Computer oder ein Laptop. Sie brauchen keine speziellen Englischkenntnisse. Teilnehmerzahl: 10–25.

Wenn Sie regelmäßig, d. h. mindestens 80 Prozent der Unterrichtszeit, und aktiv am Unterricht teilgenommen haben, bekommen Sie am Ende ein Zertifikat.

Der Preis für alle drei Module beträgt 450,00 Euro. Es ist aber auch möglich, finanzielle Hilfe für Ihre Fortbildung zu bekommen. Wir beraten Sie gern individuell, kontaktieren Sie uns unter folgender Telefonnummer: 0623 8176-55.

## 6 Prüfungsaufgabe: Lesen Teil 2

Lesen Sie den Text. Welche Antwort (a, b oder c) passt am besten? Kreuzen Sie an.

### Lehrgänge für den Taxischein

Egal, ob Sie Berufsanfänger sind oder sich noch einmal neu orientieren möchten: Wenn Sie sich für den Beruf *Taxifahrer* interessieren, sind Sie bei uns richtig. Seit über 35 Jahren bilden wir Taxifahrer in der Stadt Köln aus. Unsere Lehrkräfte sind bestens ausgebildet und unser Unterrichtsmaterial ist immer aktuell.

Wenn Sie mindestens 21 Jahre alt sind und einen allgemeinen Führerschein der Klasse B besitzen, können Sie sich für den Taxischein anmelden.

Die Lehrgänge sind montags bis freitags von 9 bis 16 Uhr direkt in der Innenstadt. Sie erhalten von uns alle Lernmaterialien für den Kurs. Die Kursdauer beträgt insgesamt sechs Wochen. Während dieser Zeit lernen Sie alles für die theoretische Prüfung. Wir bereiten Sie optimal auf die Prüfung vor.

Seit diesem Sommer bieten wir auch Onlinekurse an. Sie brauchen dafür einen Computer oder Laptop und eine stabile Internetverbindung. Die Onlinekurse finden zur gleichen Zeit wie die Präsenzkurse statt. Außerdem haben wir auch Teilzeitkurse online im Angebot. Diese sind von Montag bis Donnerstag zwischen 18 und 21 Uhr und dauern insgesamt 12 Wochen. Diese Kurse sind besonders bei Berufstätigen sehr beliebt, da dadurch die Anfahrtszeiten entfallen.

Die Kursgebühr beträgt 450 € inkl. Lernmaterial und Prüfungsgebühr. Bitte überweisen Sie das Geld auf unser Konto, wenn Sie sich anmelden. Wenn Sie derzeit arbeitslos sind, beantragen wir eine Förderung beim Jobcenter für Sie und die Kosten werden übernommen.

Haben Sie Interesse? Melden Sie sich bei uns unter 0221–22 33 11 oder info@Taxischein-Köln.de. Wir freuen uns auf Sie!

**1** Für den Taxischein
- **a** ☐ darf man unter 21 Jahre alt sein.
- **b** ☐ muss man einen Kurs besuchen.
- **c** ☐ soll man über 35 Jahre alt sein.

**2** Präsenzkurse
- **a** ☐ dauern insgesamt fünf Wochen.
- **b** ☐ enden um fünf Uhr nachmittags.
- **c** ☐ finden fünfmal pro Woche statt.

**3** Onlinekurse
- **a** ☐ gibt es seit vielen Jahren.
- **b** ☐ sind praktisch für Teilnehmende, die arbeiten.
- **c** ☐ werden nur in Teilzeit angeboten.

**4** Die Kosten für den Kurs bezahlt
- **a** ☐ für Arbeitssuchende das Jobcenter.
- **b** ☐ man auch in bar.
- **c** ☐ man nach der Fortbildung.

## 1 Vereinbarungen am Arbeitsplatz

**a** Welche Wörter finden Sie in der Wortschlange? Markieren Sie die sieben Nomen in der Wortschlange und schreiben Sie sie dann mit Artikel in Ihr Heft.

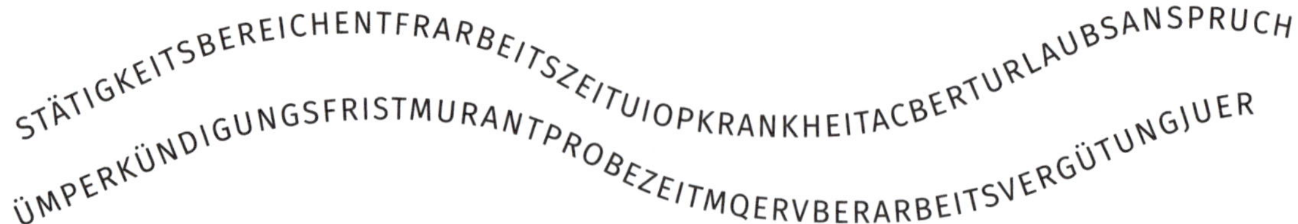


**b** Was bedeuten die Wörter aus 1a? Erklären Sie. Ihre Partnerin / Ihr Partner rät das Wort.

*Das ist das monatliche Bruttogehalt.*

*Das ist ...*

**c** Lesen Sie jetzt den Text der Beratungsstelle und ergänzen Sie die Wörter.

Regeln | Arbeitgeber | Fortbildungen | Arbeitsvertrag | wöchentlich | Tätigkeiten | krank

### Hallo und herzlich willkommen!

In diesem Flyer haben wir für Sie ein paar wichtige Informationen gesammelt: Am Arbeitsplatz gibt es viele Vereinbarungen zwischen den Arbeitnehmern bzw. Arbeitnehmerinnen und dem ......1...... . Die wichtigsten stehen im ......2...... . Darin ist zum Beispiel geregelt, welche ......3...... man ausführen muss, wie viele Stunden man ......4...... arbeitet, wie viele Tage man Urlaub nehmen kann oder was man tun soll, wenn man ......5...... wird. Außerdem gibt es viele andere ......6...... , zum Beispiel im Bereich Sicherheit. Dazu werden oft Schulungen und ......7...... angeboten – es ist wichtig, daran teilzunehmen.

**d** Welche Vereinbarungen zur Arbeitszeit gibt es für die Mitarbeitenden in der Schneiderei? Markieren Sie und vergleichen Sie mit Ihrer Partnerin / Ihrem Partner.

*Wir sind eine kleine Schneiderei. Unsere Mitarbeiterinnen und Mitarbeiter müssen kreativ sein. Deswegen sind auch die Arbeitszeiten relativ flexibel. Grundsätzlich gilt aber, dass die Schneiderei zwischen 9 und 18 Uhr besetzt sein muss. Am Anfang der Woche stimmen sich alle im Team intern ab und das funktioniert sehr gut: Manche fangen gern früh an, andere arbeiten lieber später. Wer eine Vollzeitstelle hat, arbeitet 39 Stunden pro Woche. Wenn man aber zum Beispiel an einem Nachmittag früher gehen möchte, kann man die Stunden an einem anderen Tag nachholen.*

## 2 Regelungen zu Urlaub und Krankheit

**a** Finden Sie jeweils fünf Wörter zu den Themen „Krankschreibung“ und „Urlaub“. Markieren Sie und ordnen Sie die Wörter dann den beiden Bereichen zu. Schreiben Sie ins Heft.

| | | | | | | | | | | | | | |
|---|---|---|---|---|---|---|---|---|---|---|---|---|---|
| A | R | B | E | I | T | S | U | N | F | Ä | H | I | G |
| T | Y | E | T | V | O | R | L | E | G | E | N | G | O |
| T | J | A | H | R | E | S | U | R | L | A | U | B | M |
| E | R | N | N | A | U | S | F | Ü | L | L | E | N | M |
| S | A | T | F | O | R | M | U | L | A | R | L | I | E |
| T | K | R | A | N | K | M | E | L | D | U | N | G | D |
| R | I | A | Z | F | I | E | H | V | J | H | B | R | P |
| U | N | G | U | R | L | A | U | B | S | T | A | G | Z |
| C | H | E | R | K | R | A | N | K | U | N | G | R | I |
| H | U | N | N | K | T | I | G | A | M | I | Q | U | O |

**b** Formulieren Sie Sätze und recherchieren Sie. Tauschen Sie sich dann mit Ihrer Partnerin / Ihrem Partner aus.

**Krankheit am Arbeitsplatz**

Beantworten Sie: Was muss man in vielen Firmen machen, wenn man krank wird? Verwenden Sie die Wörter aus 2a.

Recherchieren Sie: Ab wann kann man Krankengeld bekommen?

**Urlaub**

Beantworten Sie: Was muss man in den meisten Firmen in Deutschland machen, wenn man Urlaub haben möchte? Verwenden Sie die Wörter aus 2a.

Recherchieren Sie: Wie viele Urlaubstage haben Arbeitnehmerinnen und Arbeitnehmer in Deutschland?

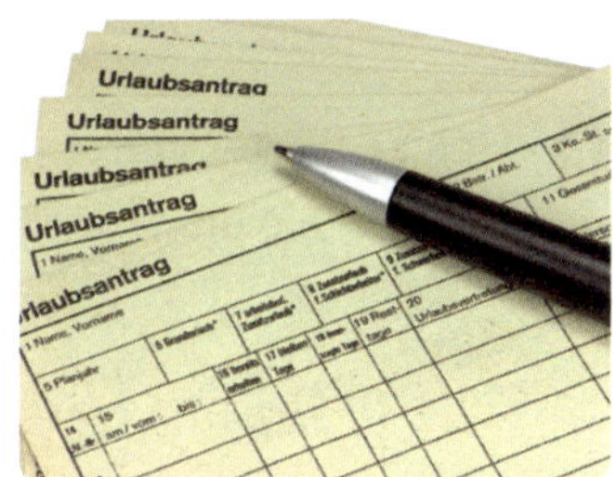

**Schon gewusst?**

In der Prüfungsaufgabe **Lesen Teil 3** lesen Sie zwei Texte mit jeweils zwei **Multiple-Choice-Aufgaben**. Die Texte sind aus einer **Willkommensmappe** für neue Mitarbeiterinnen und Mitarbeiter. Sie enthalten Informationen über das Unternehmen und über Regeln oder Vereinbarungen am Arbeitsplatz.

## 3 Schwierige Wörter in Willkommensmappen verstehen

**So geht's**

In den Lesetexten kommen oft Anweisungen und zusammengesetzte Wörter vor. Diese sind leichter zu verstehen, wenn man sie in einzelne Teile zerlegt.

**a** Welche Sätze sind Anweisungen? Kreuzen Sie an.

1 ☐ Seien Sie vorsichtig im Umgang mit allen Geräten!
2 ☐ Tragen Sie immer Schutzhandschuhe!
3 ☐ Im ganzen Gebäude ist Rauchverbot.
4 ☐ Die Maschine ist eingeschaltet, wenn die rote Lampe leuchtet.
5 ☐ Räumen Sie das Werkzeug nach der Arbeit immer an seinen Platz zurück!

**b** Welche kurzen Wörter stecken in diesen langen Wörtern? Teilen Sie die Wörter wie im Beispiel und schreiben Sie die Artikel.

1 Sicherheitsanweisung *die Sicherheit + die Anweisung*
2 Arbeitsunfähigkeitsbescheinigung ..................
3 Brandschutzbestimmung ..................
4 Gehaltsabrechnung ..................
5 Mitarbeitergespräch ..................
6 Zeitausgleich ..................
7 Willkommensmappe ..................

**c** Welche Wörter verstehen Sie? Bei welchen gibt es noch Schwierigkeiten? Sprechen Sie im Kurs und erklären Sie die Wörter.

*Die Sicherheitsanweisung ist eine Anweisung zu der Sicherheit im Betrieb.*

**d** Welche Formulierungen bedeuten das Gleiche? Verbinden Sie.

1 Überstunden machen
2 eine Krankschreibung vom Arzt brauchen
3 sich an das Rauchverbot halten
4 Freizeitausgleich in Anspruch nehmen

a nicht rauchen
b mehr arbeitsfreie Stunden haben
c zusätzliche Stunden arbeiten
d ein ärztliches Attest benötigen

## 4 Gezielt nach Informationen im Text suchen

 **So geht's**

Überfliegen Sie den ersten Text und lesen Sie die beiden Aufgaben dazu. Suchen Sie dann im Text gezielt nach den Informationen, die Sie für die Lösung der Aufgaben brauchen.

**a** Lesen Sie die beiden Aufgaben und markieren Sie die Schlüsselwörter.

1 Die Beratung
a ☐ gehört zum Service.
b ☐ müssen die Kunden extra bezahlen.

2 Der Salon
a ☐ beschäftigt nur Personal mit viel Erfahrung.
b ☐ bildet auch neue Kräfte aus.

**b** Lesen Sie den Text und markieren Sie die Schlüsselwörter zu den Punkten aus den Aufgaben in 4a.

Wir sind ein Friseursalon im Herzen der Stadt, aber nicht nur das: Kundenorientierung spielt bei uns eine große Rolle. Wir möchten, dass unsere Kundinnen und Kunden glücklich und zufrieden sind, und bieten ihnen deshalb eine kostenlose individuelle Beratung an. Am besten an einem extra Termin, aber auch spontane Besuche sind möglich. Und zum passenden Haarschnitt gibt es auch Musik und leckeren Kaffee!

Angefangen haben wir als ein kleines Team von drei Leuten, aber seit unserer Gründung vor zehn Jahren konnten wir schon zwei weitere Filialen in der Stadt eröffnen. Es freut uns sehr, dass auch du jetzt einer von uns bist und zu unserem Team gehörst!

Du kannst viel von unseren erfahrenen Friseurinnen und Friseuren lernen, wir unterstützen dich während deiner Zeit als Azubi in allen Bereichen! Neben Haarschnitt und Styling sind unsere Tätigkeitsbereiche Haarpflege, Haare waschen, färben und föhnen.

**c** Vergleichen Sie jetzt die markierten Schlüsselwörter in den Aufgaben mit den Formulierungen im Text. Was ist richtig: a oder b? Kreuzen Sie bei 4a die richtigen Lösungen an.

 **So geht's**

In diesem Prüfungsteil geht es um Detailverstehen. Wenn Sie wissen, wo die Information im Text steht, müssen Sie die Textstelle genau lesen und mit der Aufgabe vergleichen.

## 5 Reihenfolge der Informationen beachten

**Schon gewusst?**

Die Informationen im Text, die zu den beiden Aufgaben passen, kommen immer nacheinander: Wenn Sie die erste Aufgabe gelöst haben, dann wissen Sie, dass die Information zur zweiten Aufgabe im Text danach kommt.

**a** Lesen Sie den nächsten Text und die Aufgaben dazu. Markieren Sie die Schlüsselwörter in den Aufgaben und im Text.

**Überstunden**

Die Arbeitszeiten und auch eventuelle Überstunden sind im Arbeitsvertag festgelegt. Um Ihnen den Arbeitsstart bei uns zu erleichtern, haben wir hier die wichtigsten Regelungen aufgelistet.

Die Teamleitungen versuchen, die Arbeit so zu organisieren, dass keine Überstunden nötig sind. In Ausnahmefällen kann es aber vorkommen, dass Ihre Teamleitung Überstunden anordnet (z.B. wenn ein Großauftrag bearbeitet werden muss oder Kollegen erkrankt sind).

Wöchentlich sind maximal fünf Überstunden möglich, die Sie in einer Tabelle festhalten und die am Ende des Monats von Ihrer Teamleitung bestätigt werden.

Die Überstunden werden wie reguläre Arbeitsstunden vergütet, plus einem Zuschlag von 5,00 Euro pro Stunde. Alternativ zu der Auszahlung haben Sie aber auch die Möglichkeit, einen Freizeitausgleich in Anspruch zu nehmen. Das heißt, Sie können für die geleisteten Überstunden an einem anderen Tag freinehmen. Bei uns gilt die Regelung, dass monatlich maximal drei Tage Freizeitausgleich genommen werden können.

1 Die Mitarbeitenden
- a ☐ entscheiden selbst über Überstunden.
- b ☐ müssen, wenn nötig, mehr arbeiten.

2 Wenn man Freizeitausgleich wählt,
- a ☐ bekommt man einen höheren Stundenlohn.
- b ☐ darf man höchstens drei Tage pro Monat freinehmen.

**Nicht vergessen!**

Im Text und in den Aufgaben dazu kommen in der Regel nicht die gleichen Wörter vor. Lassen Sie sich dadurch nicht irritieren, sondern überlegen Sie: Welche Formulierungen bedeuten das Gleiche?

**b** Vergleichen Sie die Lösungen. Warum haben Sie sich für a bzw. b entschieden? Tauschen Sie sich mit Ihrer Partnerin / Ihrem Partner aus.

## 6 Prüfungsaufgabe: Lesen Teil 3

Lesen Sie die Texte. Welche Antwort (a oder b) passt am besten?
Markieren Sie Ihre Lösungen zu den Aufgaben 1–4.

**Herzlich willkommen bei den städtischen Müllwerken**

Wir freuen uns, Sie als neue Mitarbeiterinnen und Mitarbeiter in unserem Betrieb zu begrüßen. Um Ihnen den Start als Müllwerkerinnen und Müllwerker einfacher zu machen, haben wir hier einige Informationen für Sie zusammengestellt.

Wir sind für das Stadtgebiet von Bad Vilbel zuständig und bieten einen kompletten Service bei der Müllabholung für über 30.000 Einwohner. Unsere sechs Teams mit insgesamt 30 Müllwerkerinnen und Müllwerkern leeren alle 14 Tage rund 10.500 Restabfalltonnen und rund 9.000 Biotonnen.

Unsere Fahrzeuge sind modern und nach den neuesten Standards ausgestattet. Das erleichtert Ihre Arbeit und garantiert Ihre Sicherheit am Arbeitsplatz.

Unsere Mitarbeitenden sind unser wichtigstes Gut. Deshalb bieten wir Ihnen eine Reihe von Sozialleistungen und verschiedene finanzielle Vorteile, z. B. die kostenlose Nutzung des Schwimmbads und günstigere Fahrkarten für öffentliche Verkehrsmittel. In der neuen Betriebskantine können Sie sich während Ihrer Pause entspannen und bekommen täglich frisch gekochtes Essen zu Mitarbeiterpreisen.

**1** Der Betrieb

- **a** ☐ beschäftigt 30.000 Arbeitnehmer.
- **b** ☐ sammelt alle zwei Wochen den Müll ein.

**2** Die Mitarbeitenden

- **a** ☐ bekommen vom Betrieb besondere Mitarbeiterangebote.
- **b** ☐ können in der Kantine kostenlos essen.

**Regelungen zum Hitzeschutz**

In den Räumen der Autowerkstatt kann es jetzt im Juli sehr heiß werden. Das ist eine Gefahr für die Gesundheit. Deshalb möchten wir alle Mitarbeitenden über unsere Aktionen gegen zu hohe Temperaturen am Arbeitsplatz informieren.

Wir haben ein neues Lüftungssystem eingebaut, das die Luft kühlen soll. Wenn die Temperaturen in den Räumen trotzdem über 28 Grad steigen, haben Sie das Recht auf bezahlte Pausen: Alle zwei Stunden dürfen Sie Ihre Arbeit für 15 Minuten unterbrechen.

Nutzen Sie bitte auch die Möglichkeit für flexible Arbeitszeiten. Wir haben die Öffnungszeiten der Werkstatt von 6 Uhr morgens bis 21 Uhr verlängert. Sie können schon morgens früh beginnen oder abends länger arbeiten.

Es ist wichtig, viel Wasser zu trinken! Wasserflaschen stehen für Sie in der Küche bereit – bitte bedienen Sie sich!

**3** Die Autowerkstatt hat

- **a** ☐ im Juli die normale Pausenregelung.
- **b** ☐ sich für heiße Tage vorbereitet.

**4** Im Juli können Mitarbeitende

- **a** ☐ nur zu festen Zeiten arbeiten.
- **b** ☐ zwischen 6 und 21 Uhr arbeiten.

## 1 Kurznachrichten am Arbeitsplatz schreiben

**a** In welchen Situationen sind die Personen auf den Bildern? Tauschen Sie sich mit Ihrer Partnerin/ Ihrem Partner aus.

1

3

2
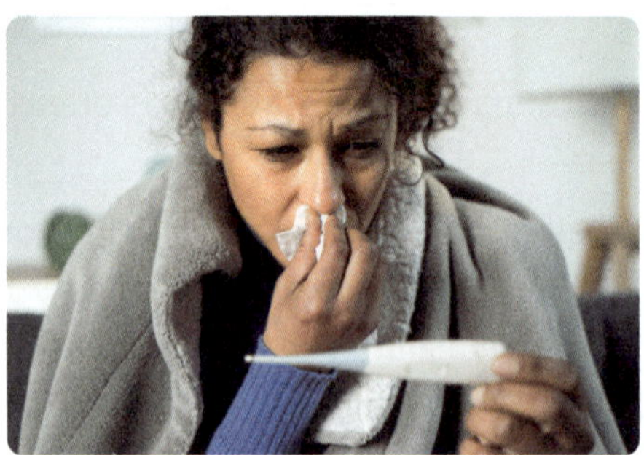

4

**b** Die vier Personen aus den Situationen in 1a schreiben eine Kurznachricht an eine Kollegin oder einen Kollegen. Ordnen Sie die Stichwörter zu. Es gibt mehrere Möglichkeiten. Vergleichen Sie im Kurs.

Essen und Getränke bestellen | Geld einsammeln | Datum festlegen | Fieber haben | Geschenk besorgen | zum Arzt gehen | nicht zur Arbeit kommen können | sich verspäten | Kolleginnen und Kollegen nach Ideen fragen | zu spät zu einer Besprechung kommen | Einladungen verschicken

ein Fest organisieren: ...........................................

ein Geschenk kaufen: ...........................................

sich nicht gesund fühlen: ...........................................

eine Panne haben: ...........................................

## 2 Bitten in Kurznachrichten verstehen

**a** Ergänzen Sie die Verben in den Kurznachrichten.

1 Hallo Mia, der Bus fährt nicht, kannst du mich bitte ............ (mitmenneh)?

2 Lieber Thomas, könntest du an der Besprechung heute Nachmittag ............ (nehmenteil)? Es ist wichtig!

3 Hallo Günther, sagst du mir bitte noch, wann wir morgen ............ (fahlosren) müssen, damit wir rechtzeitig in München sind?

4 Liebe Sandra, ich fahre mit dem Taxi zur Baustelle. Könnte ich heute Abend mit dir ............ (zufahrückren)?

5 Hallo Sebastian, würdest du bitte nächste Woche meine Schicht ............ (menüberneh)?

**b** Wie ist die Situation und wie ist die Bitte? Bilden Sie Sätze und höfliche Bitten wie im Beispiel.

1 später kommen – warten

*Ich komme etwas später. Könntet ihr bitte auf mich warten?*

2 Zug Verspätung – Termin verschieben

............

3 S-Bahn ausfallen – zum Lager mitnehmen

............

4 Erkältung – Dienst übernehmen

............

5 später kommen – Chef informieren

............

6 nächste Woche Urlaub – dem Kunden Bescheid geben

............

## 3 Die Perspektive in Kurznachrichten verstehen

 **Schon gewusst?**

In der Prüfungsaufgabe **Lesen Teil 4** lesen Sie **fünf Kurznachrichten an Arbeitskollegen oder Arbeitskolleginnen**. Zu jeder Nachricht gibt es eine Richtig/Falsch-Aufgabe.

 **So geht's**

Konzentrieren Sie sich zuerst auf die Kurznachricht und machen Sie sich klar, wer die Nachricht geschrieben hat und was die Person möchte.

**a** Lesen Sie die Kurznachricht und achten Sie darauf, wer wem schreibt und wer was möchte. Kreuzen Sie die richtigen Lösungen an.

Hallo Hans-Dieter,
ich habe ein größeres Problem auf der Baustelle – das muss ich unbedingt heute noch lösen. Deshalb werde ich bei der Besprechung heute Nachmittag nicht dabei sein können. Würdest du dem Teamleiter Bescheid sagen und mich entschuldigen? Ich erkläre ihm dann morgen ausführlich, was los war.
Vielen Dank!
Joachim

1 Wer schreibt wem?
- a ☐ Hans-Dieter schreibt Joachim.
- b ☐ Joachim schreibt Hans-Dieter.

2 Was ist der Grund für die Kurznachricht?
- a ☐ Hans-Dieter soll dem Teamleiter eine Information weitergeben.
- b ☐ Hans-Dieter soll helfen, ein Problem auf der Baustelle zu lösen.

**b** Lesen Sie die Kurznachricht und beantworten Sie die Fragen.

Hallo Eva,
ich war heute mit Miriam verabredet, wir wollten weiter an unserem Projekt arbeiten. Leider kann ich aber heute nicht zur Arbeit kommen und Miriam habe ich schon dreimal angerufen, aber es ist immer besetzt. Kannst du ihr bitte ausrichten, dass wir die Verabredung auf morgen verschieben müssen? Vielen Dank!
Gruß Barbara

1 Wer soll etwas tun?

..............................

2 Was soll die Person tun?

..............................

..............................

..............................

## 4 Gleiche Bedeutungen verstehen

**So geht's**

Die Formulierungen in den Kurznachrichten und in den Aufgaben sind oft nicht identisch, aber sie haben die gleiche Bedeutung.

**a** Welche Wörter haben hier die gleiche Bedeutung? Ersetzen Sie die Wörter in Klammern.

ungewöhnlich | ~~Sitzung~~ | organisieren | starten | Fahrzeug | besorgen | nicht wohlgefühlt

1 Die *Sitzung* (Teambesprechung) findet heute Vormittag um 9 Uhr statt.
2 Wir könnten die Geburtstagsfeier doch gemeinsam ............ (planen).
3 Gestern Abend habe ich mich plötzlich ............ (krank gefühlt) – deswegen muss ich zum Arzt gehen.
4 Ich muss das ............ (Auto) heute noch in die Werkstatt bringen.
5 Wann müssen wir denn morgen früh ............ (anfangen)?
6 Kannst du den neuen Drucker ............ (kaufen)?
7 Ja, stimmt, der Wunsch der Kundin ist etwas ............ (speziell).

**b** Welche Aussagen haben die gleiche Bedeutung? Verbinden Sie die Sätze.

1 Ich kann nicht pünktlich kommen.
2 Ich kann dich gerne mitnehmen.
3 Ich möchte mit dir gern etwas besprechen.
4 Wir sollten keine Zeit verlieren.
5 Ich bin dabei, meinen Urlaub zu planen.
6 Das Fahrzeug ist kaputt.

a Ich würde mich gern mit dir zusammensetzen.
b Das Auto ist nicht in Ordnung.
c Ich werde heute etwas später da sein.
d Ich überlege gerade, wann ich dieses Jahr verreise – und wohin.
e Du kannst doch mit mir fahren.
f Wir fangen am besten gleich an.

## 5 Details verstehen und vergleichen

**So geht's**

In dieser Prüfungsaufgabe wird Detailverstehen abgefragt. Deshalb müssen Sie die Kurznachrichten an der entsprechenden Stelle genau lesen. Einzelne Wörter machen einen großen Unterschied aus.

**a** Lesen Sie zuerst die Aufgaben und danach die Kurznachrichten. Warum sind die Aussagen richtig? Markieren und notieren Sie die Schlüsselwörter, die zusammenpassen.

| | ✓ | ✗ |
|---|---|---|
| 1 Roman hat nächste Woche Urlaub. | ☒ | ☐ |

Hallo Roman, die Kolleginnen haben erzählt, dass eure Hochzeit toll war – herzlichen Glückwunsch! Schade, dass ich nicht kommen konnte. Nächste Woche seid ihr dann auf Hochzeitsreise, das ist aber okay. Hier läuft im Moment alles gut und deine Kollegen können dich problemlos vertreten. Viel Spaß, Gabi

Aufgabe: ............................ = Kurznachricht: ............................

| | ✓ | ✗ |
|---|---|---|
| 2 Mina soll die Chefin informieren. | ☒ | ☐ |

Liebe Mina, ich fühle mich heute nicht gut und muss zum Arzt gehen. Ich denke aber, dass ich in ein paar Tagen wieder zur Arbeit kommen kann. Leider habe ich die Nummer von der Chefin nicht – könntest du ihr bitte auch Bescheid sagen? Das wäre sehr nett! Dinora

Aufgabe: ............................ = Kurznachricht: ............................

**b** Lesen Sie zuerst die Aufgabe und danach die Kurznachricht. Warum sind die Aussagen falsch? Markieren und notieren Sie die Schlüsselwörter, die nicht zusammenpassen.

| | ✓ | ✗ |
|---|---|---|
| 1 Nigora hat gestern versucht, Gemüse zu bestellen. | ☐ | ☒ |

Hallo Elias, wir haben schon vor einer Woche das Tiefkühlgemüse bestellt, aber es ist immer noch nicht gekommen. Ich habe heute versucht, die Lieferfirma telefonisch zu kontaktieren, konnte aber niemanden erreichen. Ich bin morgen den ganzen Tag bei einer Fortbildung. Könntest du dort bitte anrufen und fragen, warum die Lieferung immer noch nicht da ist? Die Nummer ist: 0766/5210489. Gruß Nigora

Aufgabe: ............................ ≠ Kurznachricht: ............................

| | ✓ | ✗ |
|---|---|---|
| 2 Sandro hat für die Party Tische in einem Restaurant reserviert. | ☐ | ☒ |

Liebe Marianne, ich soll unsere Weihnachtsparty planen und wollte dich dazu noch etwas fragen. Was denkst du: Sollen wir bei uns in der Firma feiern und jeder bringt etwas zum Essen mit oder wäre es besser, wenn wir zum Beispiel in einem Restaurant feiern? Danke, Sandro

Aufgabe: ............................ ≠ Kurznachricht: ............................

**c** Lesen Sie die Kurznachricht und lösen Sie die Aufgabe. Markieren Sie zuerst die Schlüsselwörter in der Aufgabe und vergleichen Sie dann mit der passenden Stelle im Text.

Hallo Erik,
meine S-Bahn hat leider große Verspätung und ich kann nicht pünktlich zu der heutigen Sitzung kommen. Du brauchst aber noch wichtige Unterlagen von mir. Die ganzen Infos sind in dem blauen Ordner, der auf meinem Schreibtisch liegt.
Vielen Dank und bis später, Matthias

| | ✓ | ✗ |
|---|---|---|
| Erik benötigt noch Unterlagen von Matthias. | ☐ | ☐ |

## 6 Prüfungsaufgabe: Lesen Teil 4

Markieren Sie Ihre Lösungen zu den Aufgaben 1–5.

Hallo Mehmet, leider kann ich heute nicht zur Arbeit kommen. Ich bin krank und liege im Bett. Morgen wollten wir uns treffen und über die Präsentation sprechen. Heute Nachmittag melde ich mich noch einmal bei dir und sage dir, ob ich wieder arbeiten kann. Wenn nicht, könnte dir aber auch Katrin helfen.
Bis später, Corinna

| | ✓ | ✗ |
|---|---|---|
| **1** Mehmet und Corinna haben heute einen Termin. | ☐ | ☐ |

Liebe Aylin, willkommen zurück aus dem Urlaub! Wir haben einen wichtigen Auftrag von einer neuen Kundin bekommen, der morgen Nachmittag fertig sein muss. Können wir uns heute treffen und ich erkläre dir alles? Dann kannst du gleich mit dem Nähen des Abendkleids anfangen und ich kümmere mich um die Jacke. Melde dich doch bei mir! Gruß Pia

| | ✓ | ✗ |
|---|---|---|
| **2** Aylin soll heute die Kleidung fertigstellen. | ☐ | ☐ |

Lieber Samuel, leider schaffe ich es nicht, pünktlich um 7 Uhr auf der Baustelle zu sein. Die U-Bahn fährt heute Morgen nicht. Jetzt stehe ich am Hauptbahnhof und warte auf den Bus. Das ist wirklich ärgerlich! Bitte informiere den Bauleiter, dass ich etwas später komme. Ich kann aber dann heute länger arbeiten.
Vielen Dank. Igor

| | ✓ | ✗ |
|---|---|---|
| **3** Samuel beendet heute seine Arbeit später. | ☐ | ☐ |

Hallo Hannah, bist du auch bei der Weiterbildung dabei? Eigentlich habe ich keine Lust, am Wochenende in die Firma zu fahren. Aber eine Schulung für das aktuelle Kassensystem ist wirklich wichtig für mich. Mit Computern mache ich immer Fehler. Wenn du auch da bist, können wir doch zusammen zu Mittag essen. Grüße Greta

| | ✓ | ✗ |
|---|---|---|
| **4** Greta hat Probleme mit der Technik. | ☐ | ☐ |

Lieber Mario, hast du schon gehört, dass unsere Kollegen Aaron und Marita geheiratet haben? Ich habe Theatertickets und eine Hochzeitskarte für sie gekauft. Wenn du möchtest, kannst du auch etwas Geld dazugeben und auf der Karte unterschreiben. Wir wollen mit dem Hochzeitspaar am Freitag ein bisschen zusammen feiern. Komm einfach vorher in meinem Büro vorbei. Gruß Thomas

| | ✓ | ✗ |
|---|---|---|
| **5** Thomas hat sich um ein Hochzeitsgeschenk gekümmert. | ☐ | ☐ |

## 1 Kundenbeschwerden

**a** Welcher Satz passt zu welcher Situation? Ordnen Sie die Sätze den Bildern zu.

Wir werden die fehlerhafte Ware austauschen. | Ich bin sind sehr verärgert. | Selbstverständlich erstatten wir Ihnen den Preis. | Sie haben den vereinbarten Liefertermin nicht eingehalten.

1 ..............................

3 ..............................

2 ..............................

4 ..............................

**b** Was passt zusammen? Verbinden Sie.

| | | | |
|---|---|---|---|
| 1 | sich über schlechte Waren | a | nennen |
| 2 | sich für den Fehler | b | anbieten |
| 3 | Gründe für das Problem | c | beschweren |
| 4 | eine Entschädigung | d | lösen |
| 5 | das Problem | e | reagieren |
| 6 | auf die Beschwerde eines Kunden | f | entschuldigen |

**c** Wer macht das: die Kundin / der Kunde oder die Verkäuferin / der Verkäufer? Ordnen Sie die Aktivitäten aus 1b den Rollen zu. Schreiben Sie in Ihr Heft. Vergleichen Sie Ihre Ergebnisse in der Kleingruppe.

| *Kundin / Kunde* | *Verkäuferin / Verkäufer* |
|---|---|
| *– sich über schlechte Waren beschweren* | |
| | |
| | |

**d** Wie heißt das entsprechende Verb bzw. Nomen? Ergänzen Sie die Wörter.

1 .......... – sich beschweren
2 .......... – reagieren
3 .......... – sich entschuldigen
4 die Gründe (Pl.) – ..........
5 die Entschädigung – ..........
6 die Verbesserung – ..........

**e** Welcher Ausdruck passt nicht? Streichen Sie ihn durch.

Ich bin sehr enttäuscht. | Das gefällt mir überhaupt nicht. | Das werden wir ändern. | Das ist sehr ärgerlich. | Das ärgert uns sehr. | Das enttäuscht uns wirklich. | Ich bin damit nicht zufrieden.

**f** Schreiben Sie Sätze wie im Beispiel aus der Perspektive von unzufriedenen Kundinnen / Kunden. Vergleichen Sie Ihre Ergebnisse mit Ihrer Partnerin / Ihrem Partner.

1 falsche Ware geliefert — *Sie haben uns falsche Ware geliefert.*
2 drei Pakete zu wenig in der Lieferung ..........
3 schlechter Service ..........
4 verdorbene Ware ..........
5 Kundenservice nicht erreichbar ..........
6 Lieferung zu spät ..........

**g** Welcher Grund passt zu welchem Problem? Verbinden Sie.

1 Kundenservice nicht erreichbar
2 zu späte Lieferung
3 falsche Ware verschickt
4 Gerät defekt

a beim Transport heruntergefallen
b Lagermitarbeitende haben falsch verpackt
c neuer Fahrer mit wenig Erfahrung
d Telefonanlage defekt

**h** Was bedeutet das Wort „Entschädigung“? Schauen Sie im Wörterbuch nach. Was kann man unzufriedenen Kundinnen / Kunden als Entschädigung anbieten? Kreuzen Sie an.

1 ☐ einen Gutschein
2 ☐ eine Entschuldigung
3 ☐ einen Rabatt
4 ☐ einen kostenlosen Ersatz
5 ☐ eine schnelle Reparatur
6 ☐ eine Verbesserung in der Zukunft

**Schon gewusst?**

Die Prüfungsaufgabe **Lesen und Schreiben** besteht aus **zwei Teilen**:

- Zuerst **lesen** Sie eine **Beschwerde-E-Mail** und beantworten **zwei Multiple-Choice-Aufgaben** dazu.
- Dann **schreiben** Sie **eine Antwort** auf die Beschwerde. Dabei sollen Sie **zwei vorgegebene Punkte beachten**.

## 2 Eine Kundenbeschwerde verstehen

**Schon gewusst?**

Für diese Prüfungsaufgabe haben Sie insgesamt **20 Minuten Zeit**. Für den Teil **Lesen** sollten Sie weniger als 10 Minuten brauchen, um mehr Zeit für den Teil **Schreiben** zu haben.

**a** Lesen Sie die E-Mail und markieren Sie die Schlüsselwörter.

**So geht's**

Sie müssen nicht jedes Wort in der Beschwerde-E-Mail verstehen. Markieren Sie die Schlüsselwörter in der E-Mail.

**Gesendet:** heute 14:03 Uhr
**Von:** l.rofino@schreiner-teubert.de
**An:** technik@hausverwaltung-kraimer.de
**Betreff:** Heizung

Sehr geehrte Damen und Herren,

normalerweise sind wir mit Ihrem technischen Service in unserer Firma zufrieden. Aber seit heute Morgen funktioniert bei uns in der Werkstatt und im Büro die Heizung nicht – in den Räumen sind es nur 11 Grad. Ich versuche seit mehreren Stunden, Sie telefonisch zu erreichen – leider ohne Erfolg. Es ist wirklich sehr ärgerlich, in dieser Situation keinen Ansprechpartner zu haben.

Bitte melden Sie sich schnellstmöglich bei mir, damit wir eine Lösung finden. Es wäre gut, wenn Sie uns heute noch einen Techniker schicken könnten, der die Heizung repariert. Ich möchte nicht, dass meine Mitarbeiterinnen und Mitarbeiter krank werden.

Mit freundlichen Grüßen
Louis Rofino

**b** Markieren Sie in den Aufgaben zum Text die Schlüsselwörter. Lesen Sie dann den Text in 2a noch einmal. Welche Lösung (a oder b) passt am besten? Kreuzen Sie an.

1 Die Heizung ist kaputt und
a ☐ der technische Service ist nicht erreichbar.
b ☐ ein Techniker konnte sie nicht reparieren.

2 Herr Rofino hat
a ☐ heute schon öfter bei der Firma angerufen.
b ☐ sich schon häufiger über die Firma geärgert.

**So geht's**

Die Wörter aus den falschen Antwortmöglichkeiten stehen oft auch im Text. Lesen Sie deshalb die Aufgaben ganz genau.

## 3 Eine Antwort auf die Beschwerde vorbereiten

**a** Lesen Sie die E-Mail in 2a und die Aufgaben in 2b noch einmal. Welche Probleme hat der Kunde? Notieren Sie die zwei Teile des Problems in Stichworten.

**Probleme** des Kunden:

1 ……………… 2 ………………

**b** Lesen Sie die E-Mail in 2a und die Aufgaben in 2b noch einmal. Was sind die beiden Wünsche des Kunden? Notieren Sie die zwei Wünsche in Stichworten.

**Wünsche** des Kunden:

1 ……………… 2 ………………

*Notizen für die Antwort an Herrn Rofino:*

*– Gründe für die Probleme*
*– Problemlösung*

**So geht's**

Für die Antwort auf die Beschwerde sollten Sie alle Teile des Problems und die Wünsche der Kundin oder des Kunden verstehen. Schreiben Sie **mindestens zwei Sätze** zu jedem Punkt auf dem Notizzettel.

**c** Aus welchem Grund war beim technischen Service niemand erreichbar? Welche Lösung könnte man anbieten? Sortieren Sie. Vergleichen Sie dann in der Kleingruppe.

Telefonanlage kaputt | zurzeit viele Anrufe, deshalb Telefone ständig besetzt | für heute noch einen Termin mit einem Techniker anbieten | morgen elektrische Heizung aufstellen und übermorgen Heizung reparieren | Büromitarbeiterin im Homeoffice und Anrufweiterleitung hat nicht funktioniert | morgen im Laufe des Tages einen Techniker schicken | Mitarbeitende im Büro krank | weniger Miete berechnen

Mögliche **Gründe** für das Problem:

1 ………………
2 ………………
3 ………………
4 ………………

Mögliche **Lösungen** für das Problem:

1 ………………
2 ………………
3 ………………
4 ………………

**d** Ordnen Sie die Redemittel den fünf Kategorien zu.

**So geht's**

Gliedern Sie Ihre Antwort-E-Mail **logisch** und benutzen Sie **passende Redemittel**.

Es tut uns sehr leid, dass ... | Wir möchten Ihnen ... anbieten. | Wir versprechen Ihnen, dass so etwas nicht wieder vorkommt. | Vielen Dank für Ihre Nachricht. | Das ist passiert, weil ... | Wir möchten uns für den Fehler entschuldigen. | Wir schlagen vor, dass ... | Vielen Dank für Ihr Feedback. | Leider war/waren ... | Wir möchten uns für den Vorfall entschuldigen. | Wir bedauern, dass ... | Als Entschädigung möchten wir Ihnen ... anbieten.

1 sich für die Nachricht bedanken: ...

2 sich entschuldigen: ...

3 Gründe für das Problem nennen: ...

4 Verbesserung versprechen: ...

5 eine Lösung vorschlagen: ...

## 4 Eine passende Antwort-E-Mail schreiben

**a** Welche Anrede passt zu der Situation in 2a? Kreuzen Sie an.

a ☐ Hallo Herr Rofino,
b ☐ Sehr geehrter Louis Rofino,
c ☐ Sehr geehrter Herr Rofino,
d ☐ Lieber Herr Rofino,
e ☐ Sehr geehrter Herr,
f ☐ Sehr geehrte Damen und Herren,

**b** Ergänzen Sie die Vokale und Umlaute in den Grußformeln.

1 Fr...ndl...ch... Gr...ß...
2 V...l... Gr...ß...
3 M...t fr...ndl...ch...n Gr...ß...n
4 H...rzl...ch... Gr...ß...
5 L...b... Gr...ß...

**c** Welche Grußformeln aus 4b passen nicht für die Antwort an Herrn Rofino? Welche ist die typische Grußformel für formelle Briefe? Notieren Sie.

passen nicht: ...
typisch für formelle Briefe: ...

**So geht's**

Achten Sie beim Schreiben der Antwort-E-Mail auf die angemessene Anrede und den passenden Gruß.

**d** Lesen Sie die Sätze und sortieren Sie sie für den Haupttext einer Antwort-E-Mail. Welche Wörter schreibt man groß? Korrigieren Sie die Rechtschreibung.

- [ ] aber wir haben das erst am frühen nachmittag bemerkt.
- [ ] morgen vormittag werden wir einen mitarbeiter für die reparatur der heizung zu ihnen schicken.
- [ ] Leider war unsere telefonanlage defekt,
- [ ] Es tut uns leid, dass sie heute telefonisch niemanden erreicht haben,
- [1] vielen dank für ihre e-mail.
- [ ] und wir möchten uns für diesen vorfall entschuldigen.

**e** Schreiben Sie die E-Mail aus 4d komplett mit Anrede, Gruß und Unterschrift in Ihr Heft.

**So geht's**

Planen Sie am Ende etwas zusätzliche Zeit ein: Lesen Sie zum Schluss Ihren Text noch einmal ganz durch und korrigieren Sie Fehler.

**f** Schreiben Sie eine andere Antwortvariante. Variieren Sie die Gründe und die Redemittel aus 3d.

## 5 Beispieltexte

**a** Lesen Sie die folgende Aufgabe. Markieren Sie die Schlüsselwörter und überlegen Sie, was Sie zu den beiden Punkten auf dem Notizzettel schreiben könnten.

| | |
|---|---|
| **Gesendet:** | gestern, 11:04 Uhr |
| **Von:** | Hannes Renke |
| **An:** | kundenservice@heftundstift.de |
| **Betreff:** | Probleme mit der Lieferung vom 30.06.20XX |

Sehr geehrte Damen und Herren,

bereits letzten Freitag habe ich Ihnen mitgeteilt, dass die am 30.06. gelieferte Ware nicht unserer Bestellung entspricht. Außerdem sind die Angaben auf dem Lieferschein falsch. Wir hatten 10 grüne Ordner bestellt, aber wir haben 8 blaue Ordner bekommen. Außerdem wurde kein Recyclingpapier geliefert, sondern weißes Kopierpapier.

Leider haben Sie noch nicht auf meine Reklamation reagiert. Das ist sehr ärgerlich, weil wir natürlich genau die bestellten Produkte rechtzeitig benötigen. Ich möchte Sie bitten, mir schnellstmöglich zu antworten und uns die richtige Ware bis spätestens morgen nachzuliefern. Bitte holen Sie die falsch gelieferten Produkte ab.

Ich hoffe, dass sich diese Fehler nicht wiederholen!

Mit freundlichen Grüßen

Hannes Renke

Notizen für die Antwort an Herrn Renke:
- Gründe für die Probleme
- Problemlösung

**b** Lesen Sie nun zwei Antwort-E-Mails von Prüfungsteilnehmenden. Markieren Sie, wo folgende Punkte vorkommen: Entschuldigung – Grund für das Problem – Lösung – Gruß.

**Schreibleistung 1**

*Sehr geehrter Herr Renke,*

*vielen Danke für Ihre E-Mail. Es tut mir sehr leid, am Freitag habe ich viele arbeit, weil viele Künden bestelen haben. Vielleicht heute mache ich im Computer.*

*Unsere Firma hat Leider Fehler gemacht, deshalb können wir sie sofort die bestelle.*

*Bitte keine Sogen.*

*Wir hoffen, dass Sie damit zufrieden.*

*Mit fredlichen Grüßen*

*Henrik Maas*

**Schreibleistung 2**

*Sehr geehrter Herr Renke,*

*vielen Dank für Ihre E-Mail*

*Es tut uns leid, dass Sie die Probleme mit Ihren Bestellung.*

*Wir haben einen neuen Mitarbeiter, weil die viele Fehler gemacht hat. Das sollte näturlich nicht passen. Wir können anbiten, morgen Sie neuen Waren bekommen. Das werden 10 grüne Ordner und Recyclingpapier sein. Trotzdem bekommen Sie Bonus 30 % Summe.*

*Wir hoffen, Sie damit einverstanden.*

*Mit freundlichen Grüßen*

*Otto Braun*

**c** Wie werden in den Texten einzelne Sätze miteinander verbunden? Suchen Sie Beispiele. Gibt es Stellen in den Texten, die nicht so gut verbunden sind? Sammeln Sie Vorschläge, wie man es besser machen kann.

**d** Enthalten die beiden Texte Grammatik- oder Wortschatzfehler? Korrigieren Sie sie.

*Schreibleistung 1, Zeile 2: vielen Dank~~e~~ für Ihre E-Mail.*
*vielen Dank für Ihre E-Mail.*

**e** Passen Anrede, Begründung und Grußformel zur Situation? Diskutieren Sie.

## 6 Prüfungsaufgabe: Lesen und Schreiben

Ihre Firma erhält eine Nachricht von einem Kunden.

**Gesendet:** gestern, 14:52 Uhr
**Von:** Mara Filipowsky
**An:** info@catering.org
**Betreff:** Ihr Service

Sehr geehrte Damen und Herren,

mit Ihrem Cateringangebot waren wir bis vor Kurzem sehr zufrieden, das Essen war immer gut und Ihre Lieferungen kamen pünktlich und zuverlässig. Die letzten zwei Male war das allerdings anders: Das Essen hatte zwar die gewohnte Qualität, aber es kam viel zu spät bei uns an. Außerdem hatten die Gerichte eine zu hohe Temperatur.

Die Verspätung hat jedes Mal den Zeitplan unserer Besprechungen durcheinandergebracht. Bei unseren Meetings und Konferenzen mit wichtigen Kunden ist es aber für uns besonders wichtig, dass das Essen zur vereinbarten Zeit geliefert wird.

Wir hoffen, dass die Probleme nicht wieder vorkommen, denn dann müssen wir uns leider einen anderen Cateringanbieter suchen.

Mit freundlichen Grüßen

Mara Filipowsky

Notizen für die Antwort an Frau Filipowsky:
- Gründe für die Probleme
- Lösungsvorschlag

Welche Lösung (a oder b) passt am besten? Markieren Sie.

**1** Die letzten beiden Essen
- **a** ☐ kamen rechtzeitig an.
- **b** ☐ waren zu heiß.

**2** Frau Filipowsky möchte
- **a** ☐ ab sofort eine pünktliche Essenslieferung.
- **b** ☐ einer anderen Firma den Auftrag geben.

**3** Schreiben Sie eine E-Mail an die Kundin. Schreiben Sie etwas zu den beiden Punkten auf dem Notizzettel. Zeigen Sie, was Sie können. Schreiben Sie möglichst viel.
Schreiben Sie zu jedem Punkt mindestens zwei Sätze. Vergessen Sie nicht die Anrede und den Gruß.

## 1 Mit Kollegen und Vorgesetzten sprechen

**a** Welches Verb passt? Kreuzen Sie an.

1 Unser Kollege ist krank. Wir müssen heute seine Aufgaben ☐ übernehmen / ☐ auswählen.

2 Die Chefin ist heute nicht da. Wer kann die Teambesprechung ☐ leiten / ☐ unterbrechen?

3 Oh, ein Fehler in der Bestellung! Was ist denn da ☐ kaputtgegangen / ☐ passiert?

4 Das schaffen Sie nicht allein. Sie sollten eine Kollegin um Hilfe ☐ rufen / ☐ bitten.

5 Mir geht es wirklich nicht gut, ich muss mich leider ☐ krankmelden / ☐ absagen.

6 Hallo Thomas, ich habe gerade keine Zeit – kannst du die Waren ☐ annehmen / ☐ besprechen?

7 Alle müssen den Urlaub bis spätestens nächsten Freitag ☐ beantragen / ☐ ausfüllen.

8 Hat der Kunde sich schon die Farbe für sein neues Fahrrad ☐ entschieden / ☐ ausgesucht?

9 Kannst du mit mir die Schicht ☐ liefern / ☐ tauschen?

10 Die Kollegin hat nächste Woche Urlaub. Wer kann sie ☐ vertreten / ☐ bitten?

**b** Ergänzen Sie passende Wörter.

unbedingt | ausführlich | gemeinsam | jederzeit | gesamte

1 Das verstehe ich nicht, das Problem musst du mir .................... beschreiben!
2 Klar, du kannst mich .................... fragen! Kein Problem.
3 Morgen kommt die .................... Abteilung zusammen und bespricht den neuen Auftrag.
4 Ich brauche die Informationen .................... für das Meeting heute Nachmittag!
5 Versucht doch, das Problem .................... im Team zu lösen.

**c** Was passt zusammen? Ordnen Sie zu.

1 ☐ Kannst du bitte nachher die Post wegbringen?
2 ☐ Oh, Mist, das funktioniert schon wieder nicht.
3 ☐ Ich schaffe die Aufgabe nicht bis morgen.
4 ☐ Ich denke, wir sollten den Chef über den Vorfall informieren.
5 ☐ Wir könnten uns doch für diese Fortbildung anmelden.
6 ☐ Ist es in Ordnung, wenn ich heute früher gehe?

a Du hast recht. Das mache ich sofort.
b Ja, das kann ich machen und ich bringe noch Druckpapier aus dem Lager mit.
c Ja, das Thema interessiert mich auch und ich habe auch schon mit dem Chef darüber gesprochen.
d Ja, das geht klar, du hast ja viele Überstunden.
e Was ist denn mit dem Gerät schon wieder los?
f Kannst du den Termin nicht verschieben?

**d** Worüber sprechen die Kollegen? Ordnen Sie den ersten Teil des Dialogs.

☐ Ja, es gibt viel zu tun, das stimmt. Und du siehst auch echt müde aus.
[1] Morgen Karlotta, alles klar?
☐ Ich komme auch kaum hinterher. Leider kann ich aber auch keine Aufträge mehr übernehmen. Was können wir da machen?
☐ Na ja, es ist die Jahreszeit. Schlechtes Wetter und viele Menschen sind erkältet. Aber die Arbeit wird nicht weniger – es sind vor allem verschiedene Fahrradreparaturen.
☐ Hallo Marek, na ja, du weißt ja, es ist ziemlich viel los im Moment, und gerade hat sich ein weiterer Kollege krankgemeldet.

**e** Wie geht es weiter? Ordnen Sie den zweiten Teil des Dialogs.

☐ Es ist nicht so einfach, aber vielleicht wäre das ja eine Lösung. Wir haben für sie keinen Ersatz und die Werkstatt muss einfach weiterlaufen.
☐ Ja, du hast recht. Das mache ich, ich rufe ihn sofort an. Danke!
☐ Aber warte, da fällt mir ein – Louis und Tom sind doch gerade im Urlaub. Könnte der Chef die beiden – oder wenigstens einen von den beiden – nicht aus dem Urlaub zurückholen? Ich meine, es ist doch eine Notsituation!
☐ Du solltest das mit dem Chef auf jeden Fall besprechen.
☐ Ich glaube, wir müssen einige Aufträge stornieren und die Fristen für die Reparaturen verlängern.

**f** Hören Sie jetzt den ganzen Dialog und kontrollieren Sie. 1

## 2 Die Situation im Gespräch verstehen

**Schon gewusst?**

In der Prüfungsaufgabe **Hören Teil 1** hören Sie **vier Gespräche am Arbeitsplatz**. Zu jedem Gespräch gibt es zwei Aufgaben: eine Richtig/Falsch-Aufgabe und eine Multiple-Choice-Aufgabe. Sie hören die Gespräche **einmal**.

**a** Welches Problem haben die Personen? Sprechen Sie mit Ihrer Partnerin/Ihrem Partner und beschreiben Sie die Situation.

2 **b** Hören Sie das Gespräch. Welcher Satz passt zur Situation? Kreuzen Sie an.

1 ☐ Filia ärgert sich über eine falsche Warenlieferung.
2 ☐ Filia erzählt Jari von einem Gespräch mit dem Chef.
3 ☐ Filia möchte, dass Jari ihr bei der Arbeit hilft.

3 **c** Hören Sie das Gespräch. Welcher Satz passt zur Situation? Kreuzen Sie an.

1 ☐ Die Kollegen sprechen über ihre Pläne für das Wochenende.
2 ☐ Jenny bittet Moritz, eine Aufgabe zu übernehmen.
3 ☐ Moritz hat ein Problem mit einer Kollegin.

4 **d** Hören Sie das Gespräch aus 1f noch einmal. Ist die Aussage richtig oder falsch? Kreuzen Sie an.

| | ✓ | ✗ |
|---|---|---|
| Karlotta ist erkältet und möchte sich krankmelden. | ☐ | ☐ |

**e** Welche Probleme am Arbeitsplatz haben Sie schon erlebt? Welche Lösung(en) gab es? Sprechen Sie mit Ihrer Partnerin/Ihrem Partner.

Krankmeldung am Arbeitsplatz | Urlaubsplanung | Schichtdienst | Vertretungen | ...

## 3 Schlüsselwörter in den Aufgaben markieren

**So geht's**

In der ersten Aufgabe geht es bei jedem Gespräch um das **Globalverstehen**. Sie müssen verstehen, worum es in den Gesprächen geht, und entscheiden: Ist der Satz richtig oder falsch?

**So geht's**

Sie hören die vier Gespräche direkt hintereinander. Sie haben also keine zusätzliche Zeit, um die Aufgaben zu lesen. Außerdem hören Sie jede Mitteilung nur einmal. Nutzen Sie Ihre Zeit deshalb gut:

- Am Anfang hören Sie die **Arbeitsanweisung**. Sie ist immer gleich. Lesen Sie in dieser Zeit schon die erste Aufgabe oder überfliegen Sie alle Aufgaben.
- **Nutzen Sie die Pausen** zwischen den Mitteilungen, indem Sie schon die nächste Aufgabe lesen.

**a** Lesen Sie die beiden Aufgaben und markieren Sie die Schlüsselwörter. Worauf müssen Sie jetzt beim Hören achten? Sprechen Sie mit Ihrer Partnerin / Ihrem Partner.

| | ✓ | ✗ |
|---|---|---|
| 1 Die beiden Kollegen ärgern sich über einen Kunden. | ☐ | ☐ |

2 Kemal

a ☐ hat den Zettel zu einem Auftrag verloren.

b ☐ soll alle Aufträge kontrollieren.

**b** Hören Sie den Dialog und lösen Sie die Aufgaben in 3a. 5

## 4 Detaillierte Informationen in den Gesprächen verstehen

**Schon gewusst?**

Die zweite Aufgabe zu den Gesprächen ist eine **Multiple-Choice-Aufgabe** mit zwei Optionen. In dieser Aufgabe geht es um Details in den Gesprächen. Sie müssen einzelne Informationen verstehen, um die richtige Antwort auszuwählen.

**So geht's**

Die Dialoge in diesem Prüfungsteil sind relativ lang und Sie müssen sich bis zum Ende konzentrieren, um die zweite Aufgabe zu lösen.

**a** Lesen Sie die Aufgabe und markieren Sie die Schlüsselwörter.

Jari

a ☐ möchte, dass Filia seinen Chef anruft.

b ☐ wird seinen Chef anrufen.

**b** Lesen die den zweiten Dialogteil. Markieren Sie die passende Stelle für die Lösung.

Filia: Das verstehe ich. Vielleicht könntest du für zwei Stunden aushelfen – von 14 bis 16 Uhr? Und morgen Vormittag helfe ich dir dann beim Einräumen der Waren.

Jari: Hm ja ... das wäre für mich in Ordnung, aber wir können das nicht allein entscheiden. Wir müssen uns zuerst das OK von unserem Chef holen.

Filia: Du hast recht. Ich glaube zwar nicht, dass er etwas dagegen hat, aber fragen sollten wir auf jeden Fall. Willst du das machen oder soll ich?

Jari: Ich mache das und sage dir dann Bescheid. Wo finde ich dich?

Filia: Ich bin hinten, in Halle B. ... Oh, da kommen ja schon die Lkws! Ich muss los!

Jari: Okay, bis gleich.

**c** Lösen Sie nun Aufgabe 4a.

## 5 Die Pausen zwischen den Dialogen nutzen

**So geht's**

In diesem Prüfungsteil müssen Sie jeweils zwei Aufgaben zu einem Dialog beantworten. Konzentrieren Sie sich beim Hören besonders auf die zweite Aufgabe, weil man in der Multiple-Choice-Aufgabe Details verstehen muss. Die erste Frage ist allgemeiner und Sie können sie dann dennoch beantworten.

6 Hören Sie die Dialoge. Bereiten Sie sich während der Arbeitsanweisung und in der Pause auf die Hörtexte vor: Lesen Sie die Aufgaben und markieren Sie die Schlüsselwörter.

Sie hören vier Gespräche. Zu jedem Gespräch gibt es zwei Aufgaben. Ist die Aussage richtig oder falsch und welche Antwort (a oder b) passt am besten?
Markieren Sie Ihre Lösungen für die Aufgaben 1–4.

Sie hören die Gespräche **einmal**.

| | ✓ | ✗ |
|---|---|---|
| 1 Matteo bereitet sich auf eine Prüfung vor. | ☐ | ☐ |

2 Matteo
- a ☐ hilft seiner Kollegin beim Kochen.
- b ☐ kennt den Fachwortschatz gut.

| | ✓ | ✗ |
|---|---|---|
| 3 Herr Dumitriu und sein Vorgesetzter diskutieren, wer zum Kunden fährt. | ☐ | ☐ |

4 Herr Dumitriu
- a ☐ nimmt an der Schulung teil.
- b ☐ soll seinen Chef morgen informieren.

## 6 Prüfungsaufgabe: Hören Teil 1

Sie hören vier Gespräche. Zu jedem Gespräch gibt es zwei Aufgaben. Ist die Aussage richtig oder falsch und welche Antwort (a oder b) passt am besten? 7
Markieren Sie Ihre Lösungen für die Aufgaben 1–8.

Sie hören die Gespräche **einmal**.

| | ✓ | ✗ |
|---|---|---|
| **1** Frau Popescu und Herr Yılmaz arbeiten zusammen in einem Lebensmittelgeschäft. | ☐ | ☐ |

**2** Herr Yılmaz
- **a** ☐ bekommt die Pilze billiger.
- **b** ☐ bestellt nur Oliven.

| | | |
|---|---|---|
| **3** Im Restaurant sind diese Woche nicht ausreichend Servicekräfte. | ☐ | ☐ |

**4** Die Firmenfeier findet
- **a** ☐ in drei Tagen statt.
- **b** ☐ zum ersten Mal in diesem Restaurant statt.

| | | |
|---|---|---|
| **5** Sandra sucht neue Mitarbeiter für das Busunternehmen. | ☐ | ☐ |

**6** Emre
- **a** ☐ darf diese Woche noch eine lange Fahrt übernehmen.
- **b** ☐ schlägt einen anderen erfahrenen Kollegen vor.

| | | |
|---|---|---|
| **7** Janet freut sich über die technischen Verbesserungen. | ☐ | ☐ |

**8** Man bestellt jetzt alle Produkte
- **a** ☐ am Telefon.
- **b** ☐ online.

## 1 Meiner Meinung nach ...

**a** Wie kann man die eigene Meinung formulieren? Ergänzen Sie die Wörter in den Redemitteln.

1 Meiner ............ (nugMein) nach müsste die Kündigungsfrist länger als ein Monat sein.

2 Eine Kündigung wegen schlechter Auftragslage ............ (denfi) ich problematisch.

3 Ich ............ (sönperlich) denke, dass diese Änderung im Dienstplan keine Nachteile für mich hat.

4 Ich denke, der Arbeitnehmer ............ (tellso) mein Arbeitszeugnis positiver formulieren.

5 Ich bin mir ............ (rechsi), dass du Mutterschaftsgeld bekommst!

6 Ich bin der ............ (chtsiAn), dass auch Väter Elternzeit nehmen sollten.

7 Ich glaube, dass flexible Arbeitszeiten auf jeden ............ (lalF) besser wären.

8 Findest du die Schutzmaßnahmen am Arbeitsplatz nicht gut? – Ganz im ............ (genteilGe), ich finde sie absolut wichtig!

9 Ich bin davon ............ (zeüberugt), dass sich die Situation bessern wird.

**b** Wie kann man die eigene Meinung begründen? Ergänzen Sie die Konnektoren.

einerseits ... andererseits | nicht nur ... sondern auch | denn | ob | außerdem | aber | wenn

1 Ich finde es wichtig, ............ die eigenen Pflichten, ............ die Rechte am Arbeitsplatz zu kennen.

2 Ich weiß nicht, ............ dein Arbeitgeber dir einfach fristlos kündigen kann.

3 ............ möchte ich natürlich für meine Kinder da sein, ............ muss aber die Elternzeit mit meinen Karriereplänen vereinbar sein.

4 Ich mag das Essen in der Kantine, ............ es gibt auch immer vegetarische Gerichte.

5 Nachtschichten finde ich in Ordnung, ............ nur unter der Woche.

6 ............ das Arbeitsklima gut ist, haben alle natürlich auch mehr Spaß an der Arbeit.

7 Der Mutterschutz ist meiner Meinung nach sehr wichtig für die Gesundheit von Mutter und Kind. ............ wird das Einkommen durch den Kündigungsschutz gesichert.

**c** Was sagen die Personen über ihre berufliche Situation? Welche Aussagen passen zusammen? Ordnen Sie zu.

1 *Der Anspruch auf Elternzeit spielt für mich bei der Berufswahl eine wichtige Rolle.*

2 *Wenn ich die Firma mal verlasse, möchte ich ein gutes Arbeitszeugnis. Deshalb ist es mir wichtig, dass die Chefin mit meiner Arbeit zufrieden ist.*

3 *Interessant an meinem Beruf finde ich die vielen sozialen Kontakte.*

4 *Nicht so gut finde ich, dass mich mein Chef laut Arbeitsvertrag in nur wenigen Wochen entlassen kann.*

a *Ich möchte mich irgendwann vielleicht noch woanders bewerben. Deswegen muss die Beurteilung meiner Leistungen sehr gut sein.*

b *Mir ist es wichtig, dass ich genug Zeit mit meinen Kindern verbringen kann.*

c *In meinem Job gefällt mir nicht, dass der Arbeitgeber das Arbeitsverhältnis schnell beenden kann.*

d *Es macht mir Spaß, mit anderen zu arbeiten!*

**d** Hören Sie drei Meinungen zum Thema „Dienstplan". Ordnen Sie die Aussagen den Personen zu. **8**

a Ein Dienstplan ist wichtig, damit alle Arbeitsabläufe funktionieren. Person: ..........

b Der Chef sollte die Arbeit besser organisieren. Person: ..........

c Es funktioniert auch ohne einen Dienstplan. Person: ..........

**e** Formulieren Sie Ihre Meinungen zu den fünf Themen mit den Redemitteln aus 1a und b und tauschen Sie sich mit Ihrer Partnerin / Ihrem Partner aus.

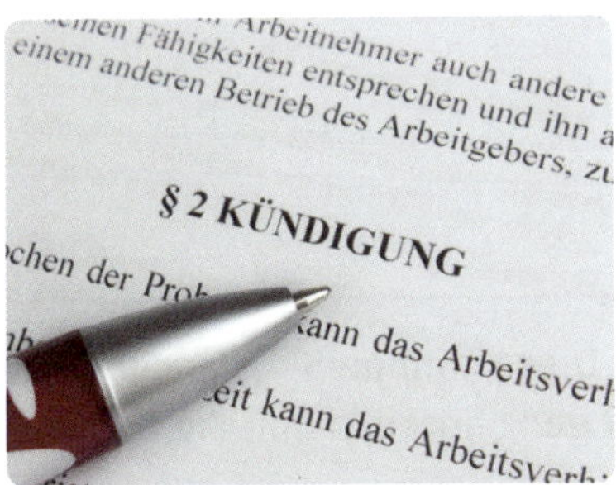


Kündigung

Mutterschutz

Arbeitszeugnis

Dienstplan

Elternzeit

## 2 Das gemeinsame Thema erkennen

**Schon gewusst?**

In der Prüfungsaufgabe **Hören Teil 2** hören Sie die **verschiedenen Meinungen von drei Personen** zu einem Thema. Dazu gibt es sechs Sätze: Sie sollen den Personen jeweils einen Satz zuordnen. Ein Satz ist schon dem Beispiel zugeordnet. Sie hören die Aussagen **einmal**.

**So geht's**

Beim Lesen der Sätze sollen Sie zuerst erkennen, was das gemeinsame Thema der drei Hörtexte ist. Wenn Sie das Thema verstehen, sind Sie gut auf die Hörtexte vorbereitet.

**a** Lesen Sie die Sätze. Was ist das gemeinsame Thema? Notieren Sie es.

a Ein vertrauensvolles Kündigungsgespräch ist auf jeden Fall sinnvoll.
b Der Arbeitgeber wird meine Entscheidung akzeptieren.
c Ich habe vor, fristgerecht zum Jahresende zu kündigen.
d Man soll gut überlegen, ob man wirklich kündigen möchte.
e Auf ein Kündigungsgespräch sollte man sich gut vorbereiten.
f Eine Kündigung kann ein beruflicher Neuanfang sein.

Gemeinsames Thema: ..............................

**b** Wie haben Sie das gemeinsame Thema erkannt? Sprechen Sie im Kurs.

## 3 Meinungen verstehen

**So geht's**

Bei den Hörtexten handelt es sich um Meinungen. Diese können Sie manchmal erst am Ende der Aussage erkennen. Deswegen müssen Sie den Text ganz hören, damit Sie den richtigen Satz auswählen können.

**a** Lesen Sie eine Meinung zum Thema „Geburtstage am Arbeitsplatz". Wo steht die Meinung der Person? Markieren Sie im Text.

*Also, bei uns in der Firma sind Geburtstage von Kolleginnen und Kollegen immer ein großes Thema. Für die meisten ist es kein Problem, wenn man Geburtstage am Arbeitsplatz feiert. Ich sehe das etwas anders: Die Arbeitszeit ist nicht dazu da, um mit anderen Spaß zu haben. Man kann doch nach der Arbeit zusammen feiern.*

**b** Welcher Satz passt am besten zur Meinung des Sprechers aus 3a? Kreuzen Sie an.

a ☐ Geburtstagsfeiern am Arbeitsplatz gehören zur Arbeit dazu.
b ☐ Am Geburtstag bringt man für die Kolleginnen und Kollegen immer einen Kuchen mit.
c ☐ Auch ein Geburtstag ohne Geschenke ist in Ordnung.
d ☐ In jeder Firma sollte es einen Geburtstagskalender geben.
e ☐ Geburtstagsfeiern sollten nicht während der Arbeitszeit stattfinden.
f ☐ Wenn jemand Geburtstag hat, sollte man ihm alles Gute wünschen.

**So geht's**

Es kann sein, dass in den Hörtexten Wörter vorkommen, die Sie nicht verstehen. Konzentrieren Sie sich aber bei dieser Aufgabe auf die ganze Aussage.

**c** Hören und lesen Sie eine Meinung zum Thema „Elternzeit für Väter". Markieren Sie die Textstelle, in der die Meinung des Sprechers zum Ausdruck kommt. **9**

*Ich finde es eine interessante Idee, als Vater in Elternzeit zu gehen. Das ist bestimmt eine tolle Erfahrung. Leider können wir uns das finanziell nicht leisten. In der Elternzeit bekommt man ja nicht das volle Gehalt und ich bin im Moment der Hauptverdiener. Außerdem möchte ich mich beruflich weiterentwickeln und bald qualifiziertere Aufgaben übernehmen. Eine längere Pause wäre da sicher ein Nachteil.*

**d** Was denkt die Person in 3c über das Thema „Elternzeit für Väter"? Welcher Satz passt? Kreuzen Sie an.

a ☐ Väter sollten nicht in Elternzeit gehen – kleine Kinder gehören zu ihren Müttern.
b ☐ Ob man als Vater in Elternzeit gehen kann, hängt von der persönlichen Situation ab.

**e** Hören Sie nun zwei weitere Meinungen zum Thema „Elternzeit für Väter". Welcher Satz passt am besten zu den Meinungen der Personen? Kreuzen Sie an. **10**

1

a ☐ Auch Väter sollten aktiv am Familienleben teilnehmen.
b ☐ Junge Väter sollten das Geld für die Familie verdienen.

2

c ☐ Es ist unsicher, wie es nach der Elternzeit im Job weitergeht.
d ☐ Die meisten Arbeitgeber haben wenig Verständnis für Väter in Elternzeit.

## 4 Die Zeit gut nutzen

**So geht's**

Sie haben vor dem Hören eine Minute Zeit, um die Sätze in der Aufgabe zu lesen. Nutzen Sie die Zeit: Überlegen Sie, was das Hauptthema ist, und unterstreichen Sie die Schlüsselwörter in den Sätzen.

**a** Überfliegen Sie die Sätze a–f und versuchen Sie möglichst schnell zu erkennen, welches Hauptthema sie haben.

a Ich arbeite schon unter der Woche viel, deswegen möchte ich an Feiertagen frei haben.

b Meine Kinder verstehen, dass ich auch mal an Feiertagen arbeiten muss.

 Früher waren zusätzliche Überstunden an Feiertagen kein Problem.

d Ich arbeite gern an Feiertagen und am Wochenende, auch weil die Bezahlung besser ist.

e Wenn man eine Familie hat, ist Arbeit an Feiertagen sehr anstrengend.

f Arbeit am Wochenende und an Feiertagen hat für mich Vorteile, aber auch viele Nachteile.

**So geht's**

Sie hören in der Prüfung zuerst eine Aussage als Beispiel und sehen dazu die richtige Lösung. Diesen Satz brauchen Sie nicht zu lesen. Konzentrieren Sie sich auf die fünf anderen und nutzen Sie die Zeit, um die Schlüsselwörter zu markieren.

**b** Markieren Sie die Schlüsselwörter in den Sätzen aus 4a. Sie haben dafür eine Minute Zeit.

11 **c** Hören Sie jetzt die Meinungen und ordnen Sie ihnen die richtigen Sätze aus 4a zu.

Beispiel: Satz c

1: Satz ..........

2: Satz ..........

**Nicht vergessen!**

Markieren Sie immer eine Lösung auf dem Antwortbogen, auch wenn Sie nicht sicher sind.

## 5 Prüfungsaufgabe: Hören Teil 2

Sie hören drei Aussagen zu einem Thema. Welcher der Sätze a–f passt zu den Aussagen 1 und 2? 12
Markieren Sie Ihre Lösungen.
Lesen Sie jetzt die Sätze a–f. Dazu haben Sie eine Minute Zeit.

Sie hören die Aussagen **einmal**.

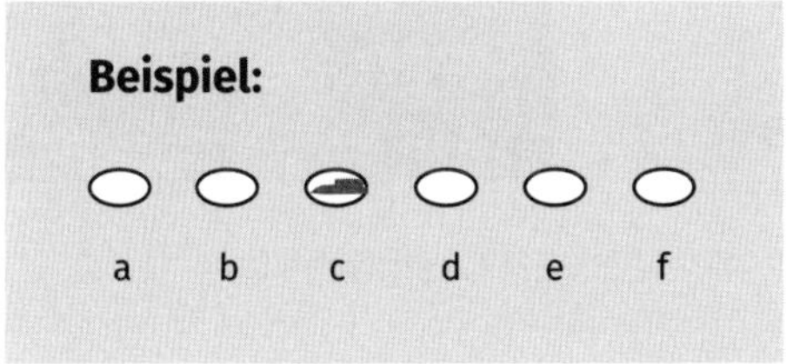


| | a | b | c | d | e | f |
|---|---|---|---|---|---|---|
| 1 | ☐ | ☐ | ☐ | ☐ | ☐ | ☐ |
| 2 | ☐ | ☐ | ☐ | ☐ | ☐ | ☐ |

**a** Ein passender Bürostuhl ist wichtig für die Gesundheit.
**b** Man muss keinen Sport machen, um gesund zu sein.
~~**c**~~ Mir gefällt, dass unsere Kantine gesunde Gerichte anbietet.
**d** Nur wenn man selbst kocht, isst man gesundes Essen.
**e** Sportkurse mit den Kollegen machen Spaß und halten fit.
**f** Wenn man am Schreibtisch Probleme löst, sitzt man oft lange.

## 1 Beratungs- und Verkaufsgespräche

13 **a** Hören Sie drei Gespräche. Welches Gespräch passt zu welchem Bild? Notieren Sie.

A Gespräch ......

B Gespräch ......

C Gespräch ......

**b** Welche Sätze bedeuten das Gleiche? Kreuzen Sie an. Es gibt mehrere Möglichkeiten.

1 Möchten Sie sonst noch etwas?
- a ☐ Darf es sonst noch etwas sein?
- b ☐ Bekommen Sie sonst noch etwas?
- c ☐ Wie kann ich Ihnen helfen?

2 Können Sie mich beraten?
- a ☐ Ich brauche eine Beratung.
- b ☐ Ich möchte mich nur umsehen.
- c ☐ Was können Sie empfehlen?

3 Ich bin noch etwas unentschieden.
- a ☐ Ich bin noch unentschlossen.
- b ☐ Ich habe noch nicht genug Geld.
- c ☐ Ich kann mich nicht entscheiden.

4 Was kostet das?
- a ☐ Wie ist da der Preis?
- b ☐ Wie teuer ist das?
- c ☐ Wie viel kostet das?

5 Wir haben hier ein Sonderangebot.
- a ☐ Dieses Produkt ist im Moment besonders günstig.
- b ☐ Es sind nicht mehr viele ... da.
- c ☐ Hier gibt es einen Rabatt.

6 Leider haben wir ... nicht vorrätig.
- a ☐ Dieses Produkt finden Sie dort drüben im Regal.
- b ☐ Wir haben ... leider nicht im Angebot.
- c ☐ Das haben wir gerade nicht auf Lager.

**c** Wer sagt die Sätze in 1b? Notieren Sie **(K)** für die Kundin / den Kunden oder **(V)** für die Verkäuferin / den Verkäufer.

1 ...... 2 ...... 3 ...... 4 ...... 5 ...... 6 ......

**d** Bringen Sie den Dialog in die richtige Reihenfolge. Hören Sie dann zur Kontrolle. 14

- ☐ Ich bräuchte 15 Stück, nein, lieber 20. Um 11:15 Uhr, geht das?
- ☐ Mhm, da muss ich kurz überlegen. Butterbrezeln sind also deutlich günstiger. Ich weiß auch gar nicht, wie viele Leute Käse essen und wie viele Wurst. Ich glaube, Butterbrezeln mögen alle.
- ☐ Ja, wir bräuchten Vorkasse, bitte.
- ☐ Ja, gern. Wir können beides machen. Butterbrezeln sind sehr beliebt für einen Imbiss bei der Arbeit, aber belegte Brötchen mit Käse, Schinken oder Salami sind auch möglich.
- ☐ Gut, wie wäre denn da jeweils der Preis pro Stück?
- ☐ Guten Tag. Ich möchte gern einen Imbiss für unser Teammeeting heute bestellen, Butterbrezeln oder belegte Brötchen. Was können Sie da empfehlen?
- ☐ Unsere belegten Brötchen kosten 2,50 Euro pro Stück und die Butterbrezeln 1,50 Euro.
- ☐ Also sollen es die Butterbrezeln sein? Wie viele brauchen Sie denn? Und um wie viel Uhr?
- ☐ Ja, das können wir machen.
- ☐ Guten Tag, was darf es sein?
- ☐ Gut, dann kommt ein Mitarbeiter um 11:15 Uhr vorbei, um die Brezeln abzuholen. Soll ich jetzt bezahlen?

**e** Schreiben Sie den Dialog in der richten Reihenfolge in Ihr Heft und lesen Sie ihn dann mit Ihrer Partnerin / Ihrem Partner.

**f** Schreiben Sie zu zweit ein Beratungs- und Verkaufsgespräch. Nutzen Sie Redemittel aus 1b und 1d. Spielen Sie das Gespräch anschließend vor.

| **Verkäuferin / Verkäufer** | **Kundin / Kunde** |
| --- | --- |
| begrüßt die Kundin / den Kunden → | |
| | → begrüßt die Verkäuferin / den Verkäufer |
| fragt, ob sie / er helfen kann ← | |
| | → fragt nach einem Produkt |
| zeigt und erklärt ein Produkt ← | |
| | → fragt nach dem Unterschied zu einem ähnlichen Produkt |
| nennt die Unterschiede zwischen zwei Produkten ← | |
| | → fragt nach den Preisen |
| nennt die Preise ← | |
| | → entscheidet sich für ein Produkt |
| verabschiedet sich ← | |
| | → bedankt und verabschiedet sich |

## 2 Aufgabe lesen und die Situation erkennen

**Schon gewusst?**

In der Prüfungsaufgabe **Hören Teil 3** gibt es zwei Gespräche zwischen Verkäuferinnen oder Verkäufern bzw. Dienstleistern und Kundinnen oder Kunden. Zu jedem Gespräch gibt es **zwei Multiple-Choice-Aufgaben**.

Sie hören jedes Gespräch nur **einmal**.

**Nicht vergessen!**

Sie hören die zwei Gespräche direkt hintereinander. Sie haben also keine zusätzliche Zeit, um die Aufgaben zu lesen. Außerdem hören Sie jede Mitteilung nur einmal. Nutzen Sie Ihre Zeit deshalb gut:

- Am Anfang hören Sie die **Arbeitsanweisung**. Sie ist immer gleich. Lesen Sie in dieser Zeit schon die erste Aufgabe oder überfliegen Sie alle Aufgaben.
- **Nutzen Sie die Pausen** zwischen den Gesprächen, indem Sie schon die nächste Aufgabe lesen.

Lesen Sie die Aufgaben zu dem Verkaufsgespräch. Was ist die Situation? Was ist der Unterschied zwischen den Antwortmöglichkeiten? Sprechen Sie zu dritt.

1 Die Kundin möchte einen Blumenstrauß
- a ☐ für 50 Euro.
- b ☐ in Größe M.

2 Die Lieblingsfarben ihrer Kollegin
- a ☐ kennt die Kundin nicht.
- b ☐ sind Rosa und Weiß.

*Wo findet das Gespräch statt?*

*Ich denke, das ist in ...*

*Was ist der Unterschied bei Nummer 1?*

*In Antwort a* ***geht es um den Preis,*** *in Antwort b* ***um die Größe.***

*Ja, wahrscheinlich geht es in dem Dialog um ...*

## 3 Auf Einzelheiten achten

**So geht's**

Bei den zwei Aufgaben dieses Prüfungsteils geht es um **Detailverstehen**. Das heißt, dass Sie sehr genau zuhören müssen, um **Einzelheiten** zu verstehen und die richtige Antwort auszuwählen.

**a** Hören Sie das Gespräch. Welche Details fehlen? Ergänzen Sie den Dialog. 15

▶ Guten Tag, wie kann ich Ihnen helfen?

▷ Hallo, ich hätte gern einen Blumenstrauß. Er soll für eine Kollegin sein, die heute ........1........ wird. Was würden Sie da empfehlen?

▶ Wie groß soll der Strauß denn sein?

▷ Ich weiß nicht ... Können Sie mir verschiedene Größen zeigen?

▶ Ja natürlich. Für einen runden Geburtstag würde ich einen ........2........ oder großen empfehlen, S ist da zu klein, denke ich. Hier sehen Sie Sträuße in M und hier in L.

▷ Ah, sehr schön – wie sind denn da die Preisunterschiede?

▶ Die Sträuße in Größe M kosten ........3........ Euro, die in L ........4........ Euro. Es gibt aber auch XL-Sträuße für ........5........ Euro.

▷ Okay ... Mmh ... Ich denke, ich nehme einen mittelgroßen, also M.

▶ Gern. Welche Farben sollen es denn sein? Kennen Sie die Lieblingsfarbe Ihrer Kollegin? Oder ihre Lieblingsblumen?

▷ Nein, das weiß ich beides nicht, ich arbeite nicht täglich mit ihr zusammen. Ich glaube, ........6........ sollten es eher nicht sein. Aber dieser Strauß hier gefällt mir gut, mit viel ........7........ und Weiß. Den nehme ich.

▶ Gern. Kleinen Moment ... Ich packe ihn noch hübsch ein.

**b** Lösen Sie nun die Aufgaben zu dem Gespräch. Markieren Sie in 3a, welche Stellen Ihnen für die richtige Lösung geholfen haben.

1 Die Kundin möchte einen Blumenstrauß
- a ☐ für 50 Euro.
- b ☐ in Größe M.

2 Die Lieblingsfarben ihrer Kollegin
- a ☐ kennt die Kundin nicht.
- b ☐ sind Rosa und Weiß.

## 4 Ähnliche Formulierungen erkennen

**Nicht vergessen!**
In den Aufgaben werden oft andere Formulierungen verwendet als im Hörtext. Deshalb ist es wichtig, gleichbedeutende Formulierungen zu erkennen und zu lernen.

**a** Lesen Sie die Aufgabe zum ersten Teil des Dialogs und markieren Sie darin die Schlüsselwörter. Notieren Sie sie.

Die Frau

a ☐ will ihre Wohnung selbst renovieren. ..............................

b ☐ verlässt nächste Woche die Wohnung. ..............................

16 **b** Hören Sie den ersten Teil des Gesprächs und kreuzen Sie die richtige Antwort in 4a an.

**So geht's**
Die Aufgaben berücksichtigen die **Reihenfolge der Informationen im Hörtext**. Konzentrieren Sie sich auf die Schlüsselwörter aus der Aufgabe, um zu erkennen, wann das nächste Thema beginnt.

**c** Lesen Sie die Aufgabe zum zweiten Teil des Gesprächs. Welches ist das neue Thema? Markieren Sie die Schlüsselwörter.

Der Preis für die Arbeiten

a ☐ hängt auch von der Größe der Wohnung ab.

b ☐ steht beim Telefonat schon fest.

17 **d** Hören Sie den zweiten Teil des Gesprächs und kreuzen Sie die richtige Antwort in 4c an.

**e** Lesen Sie nun den Dialog zu 4c und markieren Sie die Schlüsselwörter. Wo finden Sie die richtige Lösung? Warum ist die falsche Antwortmöglichkeit falsch? Korrigieren Sie sie. Sprechen Sie mit Ihrer Partnerin / Ihrem Partner.

▶ Was würden das Streichen und die Materialien denn kosten?

▷ Das kommt darauf an, wie viel zu tun ist. Wir würden uns das vorher anschauen. Wie groß ist denn Ihre Wohnung?

▶ 85 Quadratmeter.

▷ Okay, das würde wohl zwischen 1.500 und 2.000 Euro kosten.

▶ Oh, wirklich? So teuer ist das?

▷ Das ist die ungefähre Preisspanne. Aber wie gesagt, wir können gerne einen Termin vereinbaren, dann komme ich vorbei und wir besprechen die Details. Bei dem Termin kann ich Ihnen den genauen Preis nennen.

▶ Vielen Dank, da möchte ich erst noch vergleichen. Ich melde mich dann eventuell wieder bei Ihnen.

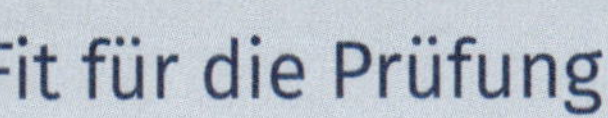

## 5 Prüfungsaufgabe: Hören Teil 3

Sie hören zwei Gespräche. Zu jedem Gespräch gibt es zwei Aufgaben. 18
Welche Antwort (a oder b) passt am besten? Markieren Sie Ihre Lösungen für die Aufgaben 1–4.

Sie hören die Gespräche **einmal**.

**1** Die Kundin
- **a** ☐ kauft neue Winterstiefel.
- **b** ☐ lässt ihre Stiefel reparieren.

**2** Die Kundin
- **a** ☐ bezahlt direkt.
- **b** ☐ kann die Schuhe diese Woche abholen.

**3** Der Kunde
- **a** ☐ achtet beim Kauf auf den Stromverbrauch.
- **b** ☐ braucht ein Heizgerät für die Wohnung.

**4** Das Gerät
- **a** ☐ ist nur für kurze Zeit rabattiert.
- **b** ☐ macht viel Lärm.

## 1 Mitteilungen am Arbeitsplatz

**a** In welchen Situationen braucht man die Hilfe der Arbeitskolleginnen/Arbeitskollegen? Ergänzen Sie die Mindmap.

*zu spät kommen/Verspätung* ……………

**Unterstützung im Team**

……………

*Bürokratisches erledigen*

**b** Welche Verben finden Sie in der Wortschlange? Markieren Sie die zehn Verben und ordnen Sie sie den passenden Nomen zu. Es gibt mehrere Möglichkeiten.

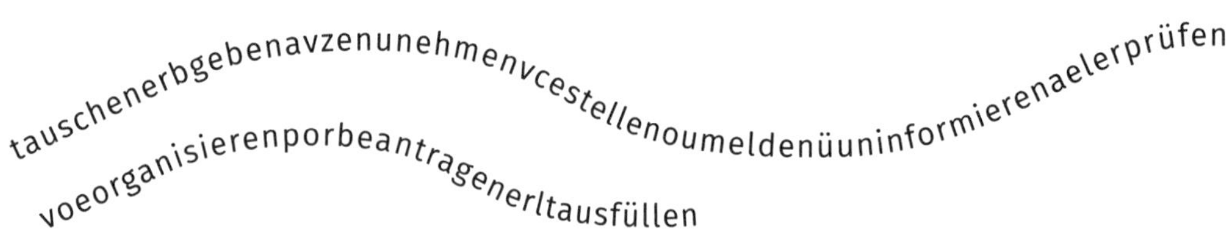


1 eine Vertretung ……………
2 einen Antrag ……………
3 einen Fehler ……………
4 Bescheid ……………
5 Urlaubstage ……………
6 Sonderurlaub ……………
7 ein Formular ……………
8 die Schicht ……………
9 den Arbeitgeber ……………
10 die Gehaltsabrechnung ……………

**c** Welche Bedeutungen haben die Aussagen? Kreuzen Sie an.

1 Der Zug fällt heute aus.
a ☐ Der Zug hat heute Verspätung.
b ☐ Der Zug fährt heute nicht.

2 Gestern ist eine neue Bestellung eingegangen.
a ☐ Wir haben gestern eine neue Bestellung bekommen.
b ☐ Ich habe die Bestellung gestern nicht abgeschickt.

3 Leider muss ich den Termin kurzfristig verschieben.
a ☐ Ich möchte einen neuen Termin vereinbaren.
b ☐ Ich möchte den Termin bestätigen.

4 Ich brauche mehr als eine Stunde, bis ich auf der Baustelle bin.
a ☐ Ich bin in weniger als einer Stunde da.
b ☐ In über einer Stunde bin ich da.

5 Wir benötigen noch weitere Reinigungsmittel.
a ☐ Weitere Reinigungsmittel sind nicht mehr nötig.
b ☐ Wir brauchen mehr Reinigungsmittel.

6 Ich habe das Ersatzteil nicht mitgenommen.
a ☐ Ich habe das Ersatzteil nicht dabei.
b ☐ Das Ersatzteil ist dort drüben im Karton.

## 2 Kommunikation nach außen

**a** Lesen Sie die Mitteilung eines Lieferanten und ergänzen Sie die fehlenden Wörter. Hören Sie zur Kontrolle. 19

Ihnen | liefern | Stau | rechtzeitig | wahrscheinlich

*Guten Tag, hier ist Meier von der Firma Prontol. Ich sollte Ihnen heute bis 13 Uhr die Kühlwaren ............1............ . Leider kann ich nicht ............2............ zu Ihnen kommen, da es auf der A2 einen Unfall gab und ich momentan noch im ............3............ stehe. ............4............ kann ich erst um 14 Uhr bei ............5............ sein. Auf Wiederhören!*

**b** Wählen Sie eine Situation aus. Notieren Sie Ihre Mitteilung und nehmen Sie diese danach mit dem Handy auf. Verschicken Sie die Sprachnachricht im Kurs.

**Lieferdienst**

Sie sollen eine Essensbestellung ausliefern, leider können Sie aber die Adresse nicht finden. Sie rufen den Kunden, Herrn Becker, an.

**Handwerksbetrieb**

Nächste Woche möchte ein Deutschkurs Ihren Betrieb besichtigen. Sie rufen die Kursleiterin, Frau Stancheva an, weil Sie noch genauere Informationen benötigen.

**Bäckerei**

Ihre Kollegin hat Ihnen Notizen zu einer Bestellung für eine Geburtstagstorte gegeben. Es fehlen aber noch Informationen und Sie rufen bei der Kundin, Frau Sauer, an.

## 3 Situationen in Sprachnachrichten erkennen

**Schon gewusst?**

In der Prüfungsaufgabe **Hören Teil 4** hören Sie **fünf telefonische Mitteilungen**. Die Mitteilungen richten sich an Arbeitskolleginnen und Arbeitskollegen, aber auch an Personen außerhalb der Firma z. B. Kundinnen und Kunden oder Lieferanten. Zu jeder telefonischen Mitteilung gibt es eine **Multiple-Choice-Aufgabe mit drei Antwortmöglichkeiten**.

Sie hören jede Mitteilung **einmal**.

**So geht's**

Damit Sie die Aufgaben in diesem Prüfungsteil richtig lösen können, sollen Sie schnell beim Hören **die Situation erkennen**: Wer ist die Sprecherin oder der Sprecher und warum ruft sie oder er an? Soll die oder der Angerufene etwas tun? Wenn ja, was?

20 Hören Sie den Anfang der Nachrichten und achten Sie auf die Situation. Ist der Anruf innerbetrieblich oder von außerhalb der Firma? Wer ist die Anruferin / der Anrufer? Kreuzen Sie an.

| Nachricht | innerbetrieblich | extern | die Sprecherin / der Sprecher | |
|---|---|---|---|---|
| Beispiel | ☐ | ☒ | ☒ Dienstleister | ☐ Kollege |
| 1 | ☐ | ☐ | ☐ Lieferantin | ☐ Kundin |
| 2 | ☐ | ☐ | ☐ Vorgesetzter | ☐ Kollege |
| 3 | ☐ | ☐ | ☐ Kollegin | ☐ Vorgesetzte |
| 4 | ☐ | ☐ | ☐ Kunde | ☐ Kollege |

## 4 Verstehen, was gesagt wird

**So geht's**

Nachdem Sie die Situation erkannt haben, konzentrieren Sie sich beim Hören auf die wichtigsten Informationen, z. B. Wer soll etwas tun? Was soll die Person tun? Wann? Wo?

**a** Hören Sie die beiden Mitteilungen und ergänzen Sie die Sätze. 21

Robin hat eine Bitte an ............1............ . Robin sollte sich bis ............2............ Uhr für die Fortbildung anmelden. Er sitzt im ............3............ und hat ............4............ nicht dabei. Er kommt zu spät und möchte deswegen der Kollegin das Formular ............5............ . Sie soll es für ihn ............6............ .

Daniela ruft ............7............ an. Sie sucht ............8............ , weil darin die Unterlagen sind. Daniela und Alexander haben morgen einen ............9............ bei einem Kunden. Daniela braucht deshalb ............10............ zu einem Produkt. Sie verlässt um ............11............ Uhr die Werkstatt.

**b** Lesen Sie nun die Aufgaben. Welche Aussage ist richtig? Welche ist falsch? Warum? Sprechen Sie mit Ihrer Partnerin / Ihrem Partner.

1 Robin
- a ☐ befindet sich mit dem Auto im Stau.
- b ☐ hat die Fortbildung vergessen.
- c ☐ muss das Formular am Vormittag abgeben.

2 Daniela
- a ☐ braucht Alexanders Ordner.
- b ☐ fehlen noch Informationen zu einem Kunden.
- c ☐ hat heute eine Besprechung mit einem Kunden.

**So geht's**

In den Antwortmöglichkeiten lesen Sie oft Wörter, die Sie auch in den Mitteilungen hören. Lassen Sie sich davon nicht irritieren. Nur eine Antwort passt genau zum Hörtext.

**c** Lesen Sie die Mitteilungen a–d und die Sätze 1–4. Welche Formulierungen haben die gleiche Bedeutung? Ordnen Sie zu.

1 ☐ Ich möchte ein anderes Gerät nutzen.
2 ☐ Ich verstehe die Angaben in der Bescheinigung nicht.
3 ☐ Ich brauche die Unterlagen mit den Projektinformationen.
4 ☐ Ich möchte Urlaub beantragen.

a Ich habe eine Frage zur Gehaltsabrechnung. Kannst du mir die Berechnung zu den Überstunden erklären?

b In unserer Abteilung ist der Drucker kaputt: Kann ich bei euch die Projektbeschreibung ausdrucken?

c Könntest du mir bitte den Projektordner mit den Dokumenten vorbeibringen?

d Ich möchte für meine Überstunden zwei Tage freinehmen. Weißt du, an wen ich mich wenden muss?

## 5 Die Zeit effizient nutzen

**Nicht vergessen!**

Sie hören die fünf Mitteilungen direkt hintereinander. Sie haben also **keine zusätzliche Zeit**, um die Aufgaben zu lesen. Außerdem hören Sie jede Mitteilung **einmal**. Nutzen Sie Ihre Zeit deshalb gut:

- Am Anfang hören Sie die Arbeitsanweisung. Sie ist immer gleich. Lesen Sie in dieser Zeit schon die erste Aufgabe oder überfliegen Sie alle Aufgaben.
- Nutzen Sie die Pausen zwischen den Mitteilungen, indem Sie schon die nächste Aufgabe lesen.

22 **a** Hören Sie drei Mitteilungen und lösen Sie die Aufgaben.

1 Thomas
- a ☐ braucht eine Vertretung.
- b ☐ ist krank geworden.
- c ☐ möchte seinen Arbeitstermin verschieben.

2 Milena Mazur
- a ☐ denkt, dass ihre Gehaltsabrechnung nicht richtig ist.
- b ☐ hat für den letzten Monat kein Gehalt bekommen.
- c ☐ möchte mit ihrem Kollegen über ihre Gehaltsabrechnung sprechen.

3 Junus
- a ☐ hat bei der Bestellung einen Fehler gemacht.
- b ☐ bittet um einen Rückruf.
- c ☐ möchte eine Lieferung stornieren.

**Nicht vergessen!**

Markieren Sie immer eine Lösung auf dem Antwortbogen, auch wenn Sie sich nicht sicher sind.

**b** Vergleichen Sie Ihre Lösung mit dem Hörtext. Unterstreichen Sie in den Hörtexten die Information, die für die Lösung wichtig ist.

## 6 Prüfungsaufgabe: Hören Teil 4

Sie hören fünf telefonische Mitteilungen. Zu jeder Mitteilung gibt es eine Aufgabe. 23
Welche Lösung (a, b oder c) passt am besten?
Markieren Sie Ihre Lösungen für die Aufgaben 1–5.

Sie hören jede Mitteilung **einmal**.

**1** Alexander
- **a** ☐ braucht die hellblaue Farbe.
- **b** ☐ hat die Zimmerdecken fertig gestrichen.
- **c** ☐ ist unterwegs zu seinem Kunden.

**2** Melissa Sanders möchte, dass
- **a** ☐ der Computer am Dienstag repariert ist.
- **b** ☐ der Computer geliefert wird.
- **c** ☐ man sie zurückruft.

**3** Maurizio
- **a** ☐ hat einen Unfall mit seinem Auto.
- **b** ☐ kommt rechtzeitig ins Büro.
- **c** ☐ möchte an der Besprechung teilnehmen.

**4** Sofia
- **a** ☐ hat keine Zeit für eine Mittagspause.
- **b** ☐ hatte 14 Tage Urlaub.
- **c** ☐ ist die Chefin von Barbara.

**5** Mehmet Görgülü
- **a** ☐ braucht heute einen Termin beim Zahnarzt.
- **b** ☐ hat am Donnerstag vormittags Zeit.
- **c** ☐ sagt den vereinbarten Termin ab.

## 1 Sprachnachrichten von Kunden

**a** Welche Wörter passen zu den Erklärungen? Lösen Sie das Kreuzworträtsel.

1 am Telefon sprechen

2 mit jemandem ein telefonisches Gespräch suchen: jemanden ...

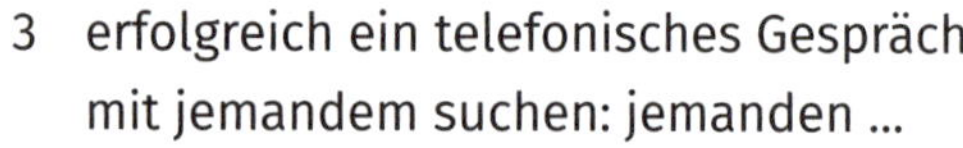

3 erfolgreich ein telefonisches Gespräch mit jemandem suchen: jemanden ...

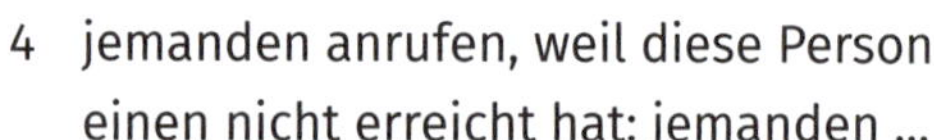

4 jemanden anrufen, weil diese Person einen nicht erreicht hat: jemanden ...

5 persönliche Nummer in einer Firma nach der Hauptnummer, die für alle gleich ist: die ...

6 Man ist da und kann angerufen werden: Man ist ...

**b** Ergänzen Sie die Wörter aus 1a in der richtigen Form. Manchmal gibt es zwei Möglichkeiten.

1 Bitte .................... Sie mich so schnell wie möglich .................... , wenn Sie wieder da sind.

2 Leider habe ich Sie gestern und heute nicht .................... . Melden Sie sich bitte bei mir.

3 Heute Nachmittag bin ich bei einem Kunden und deshalb nach 14 Uhr nicht mehr .................... . Sie können mir aber eine Nachricht hinterlassen.

4 Ich habe gestern mit Ihrer Kollegin .................... , aber sie ist jetzt nicht da. Vielleicht könnten Sie ihr ausrichten, dass ich angerufen habe.

5 Sie können mich unter meiner .................... 453 direkt erreichen.

**c** Was passt? Ordnen Sie zu.

| | | | |
|---|---|---|---|
| 1 | eine Nachricht | a | ausfüllen |
| 2 | ein Bestellformular | b | liefern |
| 3 | den Rechnungsbetrag | c | hinterlassen |
| 4 | einen Liefertermin | d | bestätigen |
| 5 | die Ware | e | überweisen |

**d** Lesen Sie die Sprachnachricht und ergänzen Sie die Wörter. Hören Sie dann zur Kontrolle. 24

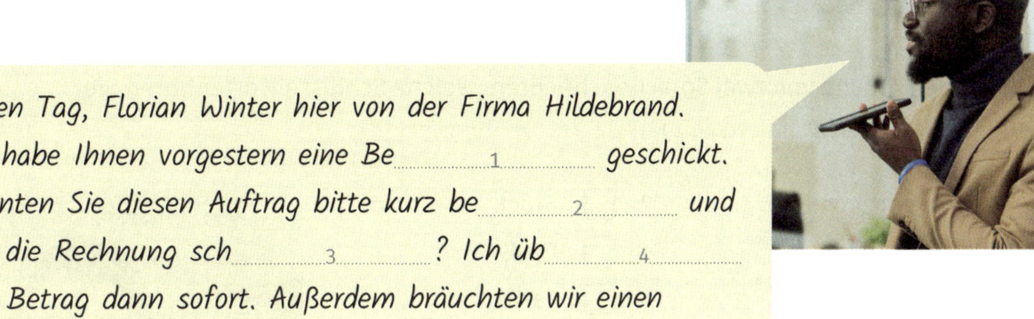

*Guten Tag, Florian Winter hier von der Firma Hildebrand. Ich habe Ihnen vorgestern eine Be ..........1.......... geschickt. Könnten Sie diesen Auftrag bitte kurz be ..........2.......... und uns die Rechnung sch ..........3.......... ? Ich üb ..........4.......... den Betrag dann sofort. Außerdem bräuchten wir einen Lie ..........5.........., wenn möglich noch in der nächsten Woche. Rufen Sie mich bitte zurück unter der 45-88-79. Winter, das schreibt sich W-I-N-T-E-R. Vielen Dank.*

**e** Schreiben Sie eine eigene Sprachnachricht aus der Kundenperspektive nach folgendem Schema. Arbeiten Sie dann zu zweit: Sprechen Sie die Nachricht für Ihre Partnerin / Ihren Partner aufs Handy. Die Partnerin / der Partner hört die Nachricht und notiert die Informationen.

*Name (buchstabieren):* ..............................

*Firma:* ..............................

*Telefonnummer:* ..............................

*Thema:* ..............................

*Frage:* ..............................

*Was soll sie/er tun?* ..............................

..............................

## 2 Den Grund des Anrufs verstehen

**Schon gewusst?**

In der Prüfungsaufgabe **Hören und Schreiben** hören Sie eine telefonische Mitteilung **zweimal**. Dabei sollen Sie **zwei Aufgaben bearbeiten**:

- In der ersten Aufgabe sollen Sie auswählen, ob die Mitteilung eine **Beschwerde** oder eine **Bestellung** ist.
- In der zweiten Aufgabe sollen Sie eine **Telefonnotiz** für eine Kollegin oder einen Kollegen ausfüllen.

25 **a** Hören Sie den Anfang von zwei Sprachnachrichten. Welche Schlüsselwörter hören Sie? Kreuzen Sie an.

1
- ☐ Problem
- ☐ nicht zufrieden / unzufrieden
- ☐ ärgerlich
- ☐ leider
- ☐ aber
- ☐ kaputt
- ☐ funktioniert nicht
- ☐ falsch

2
- ☐ Stück
- ☐ Größe
- ☐ Farbe
- ☐ liefern
- ☐ bestätigen / Bestätigung
- ☐ möglich
- ☐ brauchen
- ☐ Preis

**So geht's**

Hören Sie die Sprachnachricht einmal ganz und wählen Sie erst dann den Grund des Anrufs aus. Fragen Sie sich: Hat die Anruferin oder der Anrufer schon etwas gekauft oder gebucht? War man damit nicht zufrieden oder wird etwas neu bestellt? Achten Sie auf **Schlüsselwörter**.

26 **b** Hören Sie jetzt eine Sprachnachricht komplett. Was ist der Grund des Anrufs? Kreuzen Sie an.

- ☐ Beschwerde
- ☐ Bestellung

## 3 Wichtige Informationen notieren

**a** Was passt wo? Ordnen Sie zu.

Arbeitskleidung nicht sauber | 427853 | Kündar | Kleidung heute abholen und bis morgen noch mal reinigen? | Sandwich-Welt | telefonisch Bescheid geben

**Telefonnotiz**

| | |
|---|---|
| 1. Name: Herr / Frau | ........ |
| 2. Firma: | ........ |
| 3. Kontakt (Telefon): | ........ |
| 4. Weitere Informationen: | ........<br>........<br>........<br>........ |

**So geht's**

Schreiben Sie **schon beim ersten Hören** direkt **in den Antwortbogen**. Nach dem zweiten Hören haben Sie noch eine Minute Zeit, um Ihre Notizen zu ergänzen. Halten Sie die Informationen kurz: Schreiben Sie keine ganzen Sätze, sondern notieren Sie nur das Wichtigste in Stichpunkten. Verben stehen im Infinitiv.

**b** Hören Sie die Nachricht und vergleichen Sie mit den Notizen in 3a. Es gibt zwei Fehler. Korrigieren Sie sie. 27

Fehler 1: ........

Fehler: 2: ........

**So geht's**

Schreiben Sie den Familiennamen und die Telefonnummer schon **beim ersten Hören** in den Antwortbogen. Kontrollieren Sie **beim zweiten Hören**, ob Ihre Notizen richtig sind. Üben Sie das Mitschreiben von Telefonnummern und buchstabierten Namen.

28 **c** Hören Sie und notieren Sie die Familiennamen.

1 ..........
2 ..........
3 ..........
4 ..........

29 **d** Hören Sie und notieren Sie die Telefonnummern.
Sie hören die Telefonnummern zweimal.

1 ..........
2 ..........
3 ..........
4 ..........
5 ..........

**e** Machen Sie einen Klassenspaziergang: Buchstabieren Sie sich gegenseitig Ihre Namen und sagen Sie Ihre Telefonnummern. Die Partnerin / der Partner notiert die Informationen. Kontrollieren Sie anschließend, ob alles richtig ist.

*Ich heiße Necle Bulut, das schreibt man B-U-L-U-T.*

*Und wie ist Ihre Telefonnummer?*

**f** Markieren Sie die wichtigen Informationen im Text und notieren Sie sie kurz als Telefonnotiz.

*Hallo, hier Josef Krüger von „Deine Pizza". Wir brauchen wieder neue Pizzakartons, und zwar 200 Stück in Größe S, 800 in Größe M und 500 in Größe L. Könnten Sie sie bis Mittwochnachmittag liefern? Das wäre super. Ach, und noch etwas: Sind die Preise von Juli eigentlich noch aktuell? Bitte bestätigen Sie mir das kurz per E-Mail oder rufen Sie mich an. Meine Telefonnummer ist: 58-69-40. Krüger ist mein Name, das schreibt man K-R-Ü-G-E-R. Dann höre ich von Ihnen, ja? Dankeschön!*

| Weitere Informationen: | • .......... <br> .......... <br> • .......... <br> .......... |
|---|---|

**So geht's**

Die zwei weiteren Informationen müssen Sie selbstständig aus der Nachricht heraushören. Oft ist es das Problem bei einer Beschwerde oder die genaue Bestellung. Zu den wichtigen Informationen gehören auch Termine, Uhrzeiten und was die andere Person machen soll.

**So geht's**

Die Sprachnachricht enthält mehrere Informationen. Schreiben Sie **mindestens zwei** davon auf. Achten Sie darauf, dass die Notizen verständlich sind.

**g** Hören Sie einen Ausschnitt aus einer Sprachnachricht und notieren Sie zwei wichtige Informationen. 30

| Weitere Informationen: | • ..................<br>..................<br>• ..................<br>.................. |
|---|---|

## 4 Prüfungsaufgabe: Hören und Schreiben

Sie hören eine telefonische Mitteilung. Notieren Sie die Informationen. 31

Sie hören die Mitteilung **zweimal**.

### 1 Grund für den Anruf

Wählen Sie die richtige Lösung (a oder b). Markieren Sie auf dem Antwortbogen.

**a** ☐ Beschwerde
**b** ☐ Bestellung

### 2–5 Notizen schreiben

Schreiben Sie Name, Firma, Telefonnummer und weitere Informationen auf.

| Telefonnotiz | |
|---|---|
| 2. Name: Herr/Frau | .................. |
| 3. Firma: | .................. |
| 4. Kontakt (Telefon): | .................. |
| 5. Weitere Informationen: | • ..................<br>..................<br>• ..................<br>.................. |

## 1 Anfragen und Beschwerden

**a** Ordnen Sie die Beschwerden und Anfragen den beiden Firmen zu.

**Cateringfirma**
Anfrage: ..........
Beschwerde: ..........

**Malerbetrieb**
Anfrage: ..........
Beschwerde: ..........

1 – Lieferung am Montag um 12 Uhr möglich?
– Welche vegetarischen Gerichte?
– Kosten für belegte Brötchen?

2 – Renovierungsarbeiten nicht pünktlich abgeschlossen
– leere Farbeimer nicht mitgenommen
– falsche Farbe verwendet

3 – Suppe kalt
– zu wenig Brötchen geliefert
– Kuchen zu spät geliefert

4 – Arbeitszeiten der Handwerker?
– Kosten für Fassadenarbeiten?
– möglicher Beginn der Renovierung?

**b** Bilden Sie Komposita mit LIEFER- und mit -BESCHWERDE-. Notieren Sie auch die Artikel. Zwei Elemente passen nicht.

SCHREIBEN | ~~KONDITIONEN~~ | KOSTEN | BRIEF | WARE | UMFANG | ZEITEN | GRUND | SCHEIN | SCHWIERIGKEITEN | KUNDEN | BETRAG

*die Lieferkonditionen* ..........

**c** Was bedeuten die Wörter aus 1b? Erklären Sie. Ihre Partnerin / Ihr Partner muss das Wort raten.

*Das bedeutet, wie viel geliefert wird.*

*der Lieferumfang*

**d** Welches Verb passt nicht? Streichen Sie es durch.

1 eine Anfrage — beantworten | stellen | stornieren
2 eine Rückmeldung — erwarten | geben | melden
3 eine Preisliste — bezahlen | erbitten | schicken
4 eine Beschwerde — abschicken | beantworten | lösen
5 Rabatt — anbieten | gewähren | nehmen

## 2 Dem Sprachgefühl folgen

**Schon gewusst?**

In der Prüfungsaufgabe **Sprachbausteine** sollen Sie sechs Lücken in einer E-Mail von einer Kundin oder einem Kunden ergänzen. Für jede Lücke gibt es drei Auswahlmöglichkeiten.

**So geht's**

Für die Prüfungsaufgaben **Sprachbausteine** und **Schreiben** haben Sie **insgesamt 10 Minuten Zeit**. Sie sollten deshalb **weniger als 5 Minuten** für die **Sprachbausteine** brauchen. Probieren Sie alle Antwortoptionen in Ihrem Kopf aus und entscheiden Sie sich schnell.

**a** Welches Wort passt in den folgenden Sätzen am besten? Kreuzen Sie an.

1 Leider muss ich ………… ein Problem melden, das es mit Ihrer Lieferung gibt.
a ☐ euch b ☐ Ihnen c ☐ Sie

2 Ich schreibe Ihnen, ………… die letzte Lieferung unvollständig war.
a ☐ denn b ☐ ob c ☐ weil

3 Wir hatten Mangos bestellt, aber die Obstkiste enthält Feigen ………… Mangos.
a ☐ anstatt b ☐ dafür c ☐ gegen

4 Wir möchten unserem Kunden die Früchte ………… liefern.
a ☐ pünktlich b ☐ spätestens c ☐ zu früh

5 Ich bitte Sie um eine zeitnahe ………… des Problems.
a ☐ Frist b ☐ Lösung c ☐ Rückmeldung

6 Wir möchten so schnell wie möglich einen neuen Liefertermin ………… .
a ☐ vereinbart b ☐ vereinbaren c ☐ vereinbarten

**Schon gewusst?**

In der Prüfungsaufgabe **Sprachbausteine** werden Grammatik und Wortschatz geprüft.

**b** Was sollten Sie wiederholen? Grammatik, Wortschatz oder beides? Und wie können Sie das tun? Sprechen Sie in der Kleingruppe darüber. Hier sind einige Ideen.

- Wortschatz: Wortschatzlisten im B1-Lehrwerk | Vokabeltrainer im vhs-Lernportal | ...
- Grammatik: Übungen im vhs-Lernportal und im B1-Lehrwerk | Übersichten im B1-Lehrwerk | ...
- Wer/wie: alleine | zu zwei | in der Gruppe | Lernplakate | Mindmaps | ...

## 3 Hinweise im Satz nutzen

**So geht's**

Wenn Sie unsicher sind, welche Option richtig ist, suchen Sie nach Hinweisen im Satz. Lesen Sie dafür den ganzen Satz mit der Lücke.

**a** Lesen Sie die Sätze und achten Sie auf die markierten Hinweise. Was passt am besten in die Lücke? Kreuzen Sie an.

1 Ihr Service gefällt mir .................... nicht.
a ☐ lieber b ☐ überhaupt c ☐ übrigens

2 Die grauen Versandkartons, .................... uns sehr gut gefallen haben, möchten wir noch einmal bestellen.
a ☐ die b ☐ sie c ☐ wie

3 Wir hoffen, .................... so etwas nicht wieder vorkommt.
a ☐ dass b ☐ ob c ☐ was

4 Ich danke Ihnen im Voraus .................... Ihre Bemühungen.
a ☐ auf b ☐ für c ☐ um

5 Könnte ich .................... Ihnen größere Mengen Tomaten vorbestellen?
a ☐ an b ☐ bei c ☐ zu

6 Ich freue mich .................... Ihre Antwort.
a ☐ an b ☐ auf c ☐ für

**So geht's**

Die Briefe oder E-Mails im Prüfungsteil **Sprachbausteine** sind formell – das heißt, Sie brauchen nur die Formen von *Sie*. Die Formen von *Du* oder *ihr* kommen hier nicht vor.

**b** Wie sind die verschiedenen Formen von *Sie*? Ordnen Sie zu.

Ihnen | Sie | Ihr- | Sie

| *Nominativ* | *Akkusativ* | *Dativ* | *Possessiv-artikel* |
|---|---|---|---|
| .................... | .................... | .................... | .................... |

**c** Markieren Sie Hinweise in den Sätzen und ergänzen Sie die passende Form von *Sie*. Begründen Sie Ihre Entscheidung.

1 Ich möchte *Sie* bitten, mir so schnell wie möglich einen neuen Liefertermin zu nennen.

*„bitten" braucht ein Akkusativobjekt, deshalb steht „Sie" im Akkusativ.*

2 Leider haben ........ noch nicht auf meine Anfrage geantwortet.

3 Vielen Dank für ........ E-Mail vom 15.03.

4 Leider muss ich ........ mitteilen, dass wir den Auftrag vom 06.10. stornieren.

5 In ........ Lieferschein sind die falschen Artikel aufgelistet.

6 Ich hoffe, dass ich bis spätestens Freitag von ........ höre.

## 4 Die Textlogik erkennen

**So geht's**

Ein wichtiger Bestandteil von Texten sind die Konnektoren zwischen den Sätzen. Sie stellen die Textlogik her und kommen im Prüfungsteil **Sprachbausteine** vor. Bei der Frage, welcher Konnektor passt, sind seine Bedeutung und die Verbposition im Satz wichtig.

**a** Markieren Sie die Verben in den Sätzen nach dem Komma. Welches Wort passt? Kreuzen Sie an.

1 Wir waren letztes Mal sehr zufrieden, ........ möchten wir Sie gerne wieder beauftragen.
a ☐ deshalb b ☐ weil

2 Die Lieferung ist noch nicht bei uns angekommen, ........ wir den 04.03. als Liefertermin vereinbart hatten.
a ☐ aber b ☐ obwohl

3 Ich bitte Sie um eine schnelle Rückmeldung, ........ der Auftrag eilt sehr.
a ☐ da b ☐ denn

4 Wir bitten Sie, die Bestellung zu bestätigen ........ uns einen Liefertermin zu nennen.
a ☐ und b ☐ weil

5 Sie haben den Wasserspender letzte Woche repariert, ........ ist er jetzt wieder kaputt.
a ☐ denn b ☐ trotzdem

6 Bitte antworten Sie mir schriftlich ........ rufen Sie mich an.
a ☐ obwohl b ☐ oder

**b** Ergänzen Sie die Sätze. Achten Sie auf die Verbposition.

1 Wir möchten die Bestellung ändern, weil …………………… .
2 Wir haben noch keine Lieferung erhalten, obwohl …………………… .
3 Der Auftrag ist eilig, deshalb …………………… .
4 Das Problem ist Ihnen seit letzter Woche bekannt, trotzdem …………………… .
5 Wir möchten gerne wieder mit Ihnen zusammenarbeiten, denn …………………… .
6 Bitte schreiben Sie uns so schnell wie möglich oder …………………… .
7 Wir waren lange Zeit sehr zufrieden mit Ihrem Service, aber …………………… .

**c** Was ist richtig: a, b oder c? Kreuzen Sie an.

1 Wir waren …………… immer zufrieden mit Ihren Produkten, aber in letzter Zeit hat sich das leider geändert.
a ☐ bisher b ☐ neulich c ☐ während

2 Vielen Dank für Ihre Auftragsbestätigung. Wir bräuchten …………… bald einen Liefertermin.
a ☐ bis b ☐ dann c ☐ zuletzt

3 Ich habe Ihnen das Problem letzte Woche gemeldet. …………… ist leider nichts passiert.
a ☐ Immer b ☐ Früher c ☐ Seitdem

4 …………… Sie wieder Zeit für einen Auftrag hätten, würden wir uns freuen.
a ☐ Ob b ☐ Wann c ☐ Wenn

5 Leider hat sich der Service …………… unserem Telefonat am 3. Juni nicht wirklich verbessert.
a ☐ nach b ☐ nachdem c ☐ seitdem

**d** Was passt zusammen? Ordnen Sie zu.

1 Ich möchte mich heute
2 Ich bitte Sie
3 Bitte schicken Sie uns
4 Wir freuen uns über
5 Vielen Dank
6 Wir hoffen, dass
7 Bitte kümmern Sie sich um

a Ihre aktuelle Preisliste zu.
b eine schnelle Rückmeldung.
c sich dieser Fehler nicht wiederholt.
d im Voraus.
e eine schnelle Lösung des Problems.
f mit einer neuen Anfrage an Sie wenden.
g um eine kurze Auftragsbestätigung.

**So geht's**

In formellen Geschäftsbriefen gibt es Standardformulierungen, die sehr häufig vorkommen. Lernen Sie solche Formulierungen auswendig.

## 5 Prüfungsaufgabe: Sprachbausteine

Lesen Sie den folgenden Text. Welcher Ausdruck (a, b oder c) passt am besten in die Lücken 1–6?

**Anfrage Catering**

Sehr geehrte Frau Zacharias,

auf der Firmenfeier von Rauscher & Ganz letzten Freitag ____1____ ich Ihr köstliches Essen probieren und wir haben auch ein kurzes Gespräch ____2____.

Wie ____3____, habe ich nun eine Anfrage: Hätten Sie Zeit, am 24.06. einen Auftrag für unsere Firma zu ____4____? Es geht um unser Sommerfest. Wir planen es mit 70 Gästen und hätten gern ein Buffet mit warmen und kalten Speisen. ____5____ darf der Nachtisch nicht fehlen.

Ich hoffe sehr, dass Sie Zeit haben. Könnten Sie mir auch schon einen ungefähren ____6____ nennen? Das wäre hilfreich für unsere Planung.

Ich freue mich auf Ihre Antwort.

Mit freundlichen Grüßen

Irina Breitenbach

**1**
- a ☐ kann
- b ☐ könnte
- c ☐ konnte

**2**
- a ☐ geführt
- b ☐ gehalten
- c ☐ geleitet

**3**
- a ☐ besprochen
- b ☐ bestellt
- c ☐ gefragt

**4**
- a ☐ nehmen
- b ☐ übernehmen
- c ☐ vergeben

**5**
- a ☐ Leider
- b ☐ Natürlich
- c ☐ Tatsächlich

**6**
- a ☐ Auftrag
- b ☐ Preis
- c ☐ Rabatt

**Nicht vergessen!**
Markieren Sie immer eine Lösung auf dem Antwortbogen, auch wenn Sie nicht sicher sind.

## 1 Kommunikation im Betrieb

**a** Welche Wörter finden Sie in der Wortschlange? Markieren Sie die sieben Nomen in der Wortschlange und schreiben Sie sie mit Artikel in Ihr Heft.

**b** Was passt? Ergänzen Sie die fehlenden Wörter.

organisieren | entschuldigen | ausfüllen | tauschen | abgeben | prüfen

1 Ich glaube, in der Materialliste ist ein Fehler. Könnten wir sie vielleicht zusammen ............ ?

2 Ich möchte das Formular für den Urlaubsantrag ............ , aber es ist ziemlich kompliziert. Kannst du mir helfen?

3 Können wir nächsten Samstag die Schichten ............ ? Kannst du auch am Nachmittag arbeiten? Ich würde gern die Frühschicht übernehmen, wenn du die Spätschicht machen könntest.

4 Könntest du mich bitte bei der Teambesprechung ............ ? Ich muss zu einem Kunden.

5 Ich muss für Freitag eine Vertretung ............ . Weißt du, wer das machen könnte?

6 Ich bin leider immer noch krank. Könntest du auf dem Weg zur Arbeit bei mir vorbeikommen, meine Krankmeldung mitnehmen und sie dann in der Personalabteilung ............ ?

**c** Welche Antwort passt zu den Bitten aus 1b? Ordnen Sie zu.

- ☐ a Keine Ahnung. Vielleicht fragst du Anna?
- ☐ b Nein, ich kann leider nur vormittags.
- ☐ c Tut mir leid, aber ich fahre heute gar nicht zur Arbeit. Ich habe frei.
- ☐ d Leider verstehe ich dieses Formular auch nicht.
- ☐ e Tut mir leid, aber ich kann selbst nicht zur Besprechung kommen.
- ☐ f Ja, ich kann sie mir gerne ansehen, aber erst morgen.

**d** Welches Verb passt nicht? Streichen Sie es durch.

| | | |
|---|---|---|
| 1 | Bescheid | sagen \| machen \| geben |
| 2 | einen Fehler | machen \| geben \| melden |
| 3 | Urlaub | beantragen \| abstimmen \| ausfüllen |
| 4 | Schichten | kümmern \| planen \| tauschen |

## 2 Kurznachrichten zwischen Kolleginnen und Kollegen verstehen

**a** Was für Texte sind das? Ordnen Sie zu und vergleichen Sie mit Ihrer Partnerin / Ihrem Partner.

1 Kurznachricht von einem Kollegen Text ........
2 Kurznachricht von einem Vorgesetzten Text ........
3 E-Mail von einem Kollegen Text ........

*Ich glaube, Text 1 ist ..., weil ...*

a

Lieber Murat,
ich hätte eine Bitte an dich: Könntest du vielleicht morgen eine halbe Stunde früher kommen und das Café aufschließen? Das würde mir sehr helfen, weil meine Frau krank ist und ich mich vor der Arbeit um die Kinder kümmern muss.
Herzliche Grüße
Piet

b

Hi Murat! Könntest du morgen eine halbe Stunde früher kommen und das Café aufschließen? Wäre eine große Hilfe für mich. Gruß Piet

c

Hallo Herr Kaya, wäre es vielleicht möglich, dass Sie morgen eine halbe Stunde früher anfangen? Das würde uns sehr helfen, weil Herr Ganter erst um 8 Uhr kommen kann. Wir brauchen jemanden, der das Café aufschließt. Bitte geben Sie mir kurz Bescheid.

**b** Lesen Sie die Chatnachrichten. Wie sind die Nachrichten unter Kolleginnen / Kollegen geschrieben? Kreuzen Sie an.

- ☐ mit du
- ☐ mit Sie

- ☐ mit Anrede und Gruß
- ☐ ohne Anrede und Gruß

Könntest du morgen eine halbe Stunde früher kommen und das Café aufschließen?

Nein, das geht leider nicht.

Warum nicht? Es ist dringend.

**Schon gewusst?**

In der Prüfungsaufgabe **Schreiben** verfassen Sie in einem Kurznachrichten-Dialog **eine Antwort** an eine befreundete Kollegin oder einen befreundeten Kollegen. Sie sollen begründen, warum Sie etwas nicht machen können.

**Nicht vergessen!**

Für beide Prüfungsaufgaben **Sprachbausteine** und **Schreiben** zusammen haben Sie insgesamt **10 Minuten Zeit**. Schreiben Sie Ihre Nachricht **direkt auf den Antwortbogen**.

## 3 Begründen, warum etwas nicht geht

**So geht's**

Finden Sie einen Grund, der gut zur Situation und zum beruflichen Kontext passt.

**a** Welche Begründungen passen gut zu der Absage in 2b? Welche passen nicht so gut? Warum? Sprechen Sie mit Ihrer Partnerin / Ihrem Partner.

1 Ich stehe nicht gern früh auf.
2 Ich muss die Kinder vor der Arbeit in den Kindergarten und die Schule bringen.
3 Zu dieser Zeit habe ich keine Busverbindung.
4 Ich habe keine Lust.
5 Ich habe keinen Schlüssel.

**b** Wo stehen die Verben? Welcher Konnektor passt? Kreuzen Sie an.

Das geht nicht, ...

1 ☐ weil ☐ denn ich zu dieser Zeit keine Busverbindung habe.
2 ☐ weil ☐ denn ich habe keinen Schlüssel zum Café.

**So geht's**

Benutzen Sie in den Begründungen *weil* und *denn*. Im „denn-Satz" steht das Verb auf Position 2. Im „weil-Satz" steht das Verb am Ende.

**c** Verbinden Sie die Sätze einmal mit *denn* und einmal mit *weil*. Schreiben Sie die Sätze in Ihr Heft.

Ich kann meine Frühschicht nicht tauschen, denn / weil ...

1 Wir bekommen am Nachmittag Besuch.
2 Ich habe am Nachmittag einen Termin mit meinen Kindern.
3 Ich fahre am Nachmittag nach Berlin.

## 4 Bedauern äußern und sinnvolle Vorschläge machen

**a** Wie kann man Bedauern ausdrücken und Gegenvorschläge machen? Ergänzen Sie die fehlenden Wörter.

hilft | schade | übernehmen | gerne | fragen | leid

**So geht's**

Äußern Sie Bedauern und eine Idee, was Ihre Kollegin oder Ihr Kollege jetzt tun kann.

**Bedauern ausdrücken**

1 Tut mir echt ..................! 2 Das ist wirklich ..................! 3 Nächstes Mal ..................!

**Gegenvorschläge machen**

4 Vielleicht kannst du Oli ..................? Er arbeitet morgen auch und er wohnt in der Nähe.
5 Ich kann aber am Mittwoch abschließen, wenn das ..................
6 Vielleicht kann Mara das ..................?

**b** Welche Wörter muss man großschreiben? Wo fehlen Satzzeichen? Schreiben Sie die rechte Kurznachricht richtig.

> Könntest du morgen eine halbe Stunde früher kommen und das Café aufschließen?

> dasgehtnichtweilichvorderarbeitdiekinderin
> denkindergartenunddieschulebringenmuss
> tutmirwirklichleidichhoffedufindestschnell
> jemandenvielleichtkönntestduannafragen
> siearbeitetmorgenauchundwohntindernähe
> vomcafewirsehenunsmorgen

## 5 Beispieltexte

**a** Lesen Sie die folgende Aufgabe. Markieren Sie die Schlüsselwörter und überlegen Sie, was Sie antworten könnten.

*Ein befreundeter Kollege schreibt Ihnen folgende Kurznachricht. Antworten Sie Ihrem Kollegen.*

> Gehen wir um halb eins zusammen in die Kantine?

> Nein, da kann ich leider nicht.

> Schade! Warum nicht? Ich habe wichtige Neuigkeiten.

**b** Lesen Sie nun zwei Texte von Prüfungsteilnehmenden. Welche Gründe werden genannt? Markieren Sie in den Texten.

**Schreibleistung 1**

*Es tut mir sehr Leid, weil ich und meine Tochte einen Termin haben. Viellich ander Tag trefen uns.*

**Schreibleistung 2**

*Es tut mir leid, ich kann nicht um halb eins in die Kantine gehen. Ich habe viel zu tun, weil ich schon gegessen habe. Vielleicht nächstes Mal!*

**c** Enthalten die beiden Texte Grammatik- oder Wortschatzfehler? Korrigieren Sie.

*Schreibleistung 1, Zeile 2: Es tut mir sehr ~~Leid~~. leid.*

**d** Passt die Begründung zur Situation? Diskutieren Sie mit Ihrer Partnerin / Ihrem Partner.

## 6 Prüfungsaufgabe

Ein befreundeter Kollege schreibt Ihnen folgende Kurznachricht. Antworten Sie Ihrem Kollegen. Schreiben Sie Ihre Antwort direkt auf den Antwortbogen.

> Können wir am Dienstag die Schicht tauschen? Machst du die Spätschicht? Dann übernehme ich die Frühschicht.

> Nein, das geht leider nicht.

> Wirklich nicht? Warum denn? Es wäre wichtig!

## 1 Ein neuer Job

**a** Was ist auf den Bildern zu sehen? Ordnen Sie zu und ergänzen Sie die fehlenden Vokale.

1

2

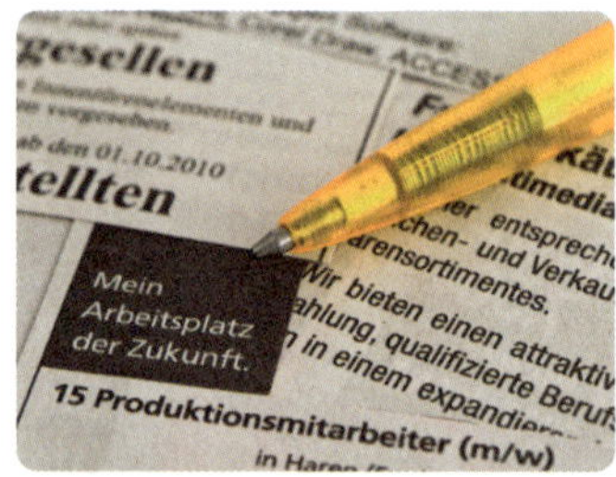

3

Bild ...... : die St...ll...n...ng...b...t

Bild ...... : die B...r...fsb...r...t...ng

Bild ...... : die schriftliche B...w...rb...ng, das V...rst...ll...ngsg...spr...ch

**b** Was passt? Ordnen Sie zu.

1 sich beim Jobcenter
2 ein interessantes Jobangebot
3 den Lebenslauf
4 zu einem Vorstellungsgespräch

a finden
b eingeladen werden
c beraten lassen
d schreiben

**c** Was passt wo? Ergänzen Sie.

Arbeitgeber | beruflich | beantwortet | ~~vorstellen~~ | stellen | Zeitung | Bewerbung | formuliert | Arbeitsvertrag | Informationen | Berufsberatung | Bewerbungsfoto

**Davids Blog: Leben in Deutschland**

Ich möchte das Thema „Jobsuche in Deutschland" ...*vorstellen*(1)... . Wenn man noch nicht genau weiß, was man ......(2)...... machen möchte, kann man in Deutschland leicht eine ......(3)...... bekommen, zum Beispiel beim Jobcenter. Auch im Berufsinformationszentrum (BIZ) gibt es viele ......(4)...... über mögliche Berufe. Jobangebote findet man an verschiedenen Stellen: über die Vermittlung beim Jobcenter, in Stellenanzeigen in der ......(5)...... oder im Internet, auf Plakaten in Bussen oder auf Zetteln im Supermarkt. Als nächsten Schritt schreibt man in Deutschland normalerweise eine ......(6)...... . Dazu gehören der Lebenslauf und das Bewerbungsanschreiben. Diese Texte sollten gut ......(7)...... sein und zu der offenen Stelle passen. Außerdem ist es üblich, im Lebenslauf ein ......(8)...... einzufügen. Das ist kein Muss, aber ein professionelles Foto kann die Chancen auf den Job verbessern. Der letzte Schritt ist dann das Vorstellungsgespräch, dazu wird man eingeladen, wenn der ......(9)...... die Bewerbung interessant findet. Hier ......(10)...... man Fragen, man kann aber auch selbst Fragen zu der Arbeit ......(11)...... . Am Ende von dem ganzen Bewerbungsprozess bekommt man dann im besten Fall einen neuen ......(12)...... .

## 2 Die sechs Themen vorbereiten

**Schon gewusst?**

Der Prüfungsteil **Sprechen** hat **drei Teile** und dauert insgesamt **ca. 16 Minuten**. Es gibt dafür **keine Vorbereitungszeit**.

In der Prüfungsaufgabe **Sprechen Teil 1** sollen Sie kurz **ein Thema präsentieren**. Es gibt sechs mögliche Themen. In der Prüfung bekommen Sie zwei davon. Sie sollen eins auswählen und **ca. 2 Minuten** darüber frei sprechen.

**So geht's**

Die sechs Themen sind immer die gleichen. Sie können sie deshalb gut zu Hause vorbereiten.

**a** Dies sind die sechs Themen, die in der Prüfung vorkommen können. Lesen Sie und ergänzen Sie.

eine Person | wie die Jobsuche funktioniert | berufliche Entwicklung | einem Produkt | einen Arbeitgeber | einen bestimmten Beruf

1 Beschreiben Sie ............................................, für den Sie gearbeitet haben oder arbeiten möchten (z. B. Was macht die Firma? Wie groß ist die Firma? Wo ist diese Firma? Was gefällt Ihnen?).
2 Beschreiben Sie ............................................ und warum Sie sich dafür interessieren (z. B. Aufgaben, Vor- und Nachteile, Besonderheiten).
3 Stellen Sie Ihre ............................................ vor (z. B. Stationen in Ihrem Berufsleben, was haben Sie dort gelernt, wichtige berufliche Entscheidungen, Gründe dafür).
4 Erzählen Sie von ............................................, das Sie vor Kurzem gekauft haben (z. B. Funktion, Aussehen, Material, Größe, Preis, was Ihnen daran gefällt).
5 Beschreiben Sie ............................................, an der Sie sich beruflich orientieren möchten (z. B. wer, was macht die Person, was finden Sie gut / nicht gut, warum).
6 Beschreiben Sie, ............................................. Sprechen Sie über ein Land Ihrer Wahl (z. B. Angebote finden, Beratung, Bewerbung schreiben, Vorstellungsgespräch).

**b** Machen Sie Mindmaps zu den folgenden zwei Themen und notieren Sie Ihre Ideen zu den Unterpunkten.

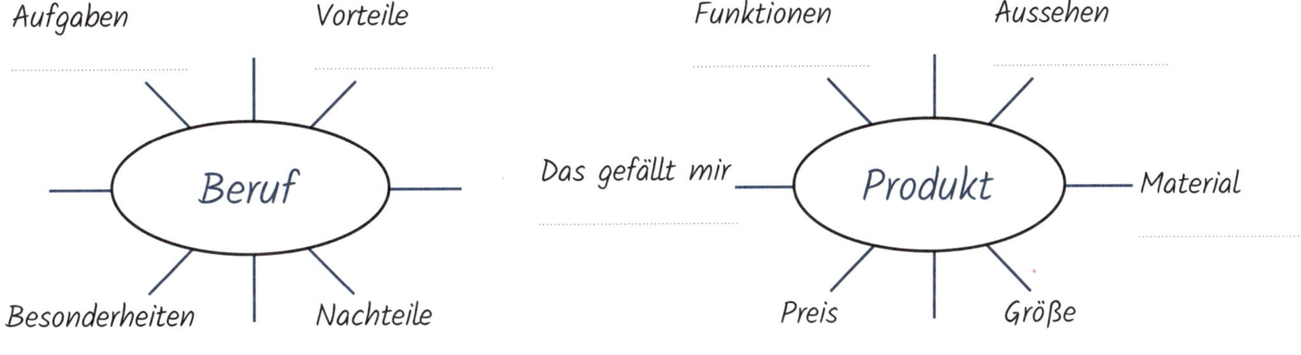

## 3 Ein Thema präsentieren

32 **a** Hören Sie das Gespräch. Über welches Thema wird gesprochen? Kreuzen Sie an.

☐ 1 Beschreiben Sie **eine Person**, an der Sie sich beruflich orientieren möchten (z. B. wer, was macht die Person, was finden Sie gut / nicht gut, warum).

☐ 2 Beschreiben Sie **einen Arbeitgeber**, für den Sie gearbeitet haben oder arbeiten möchten (z. B. Was macht die Firma? Wie groß ist die Firma? Wo ist diese Firma? Was gefällt Ihnen?).

32 **b** Hören Sie das Gespräch noch einmal und beantworten Sie die Fragen in Stichworten.

1 Wer ist für die junge Frau ein berufliches Vorbild? ……
2 Was macht die Person derzeit beruflich? ……
3 Was findet die Frau gut an ihrem Vorbild? ……
4 Was sieht sie kritisch? ……

**c** Was passt wo? Ordnen Sie die Kategorien den Redemitteln für eine Präsentation zu.

über einen Beruf sprechen | Schluss | über ein Produkt sprechen | wie die Jobsuche funktioniert | Einleitung der Präsentation

| | | |
|---|---|---|
| 1 | …… | Ich möchte gern über (das Thema) ... sprechen. / Ich habe mich für dieses Thema entschieden: ...<br>Dieses Thema habe ich gewählt, weil ... |
| 2 | …… | Die Aufgaben sind vielseitig / interessant / spannend / ...<br>Ein Vorteil wäre, dass ...<br>Es gibt natürlich auch Nachteile. Einer davon ist, dass ...<br>Das Besondere dabei ist, dass man im Team / allein / auf der Baustelle / mit Kunden / ... arbeitet. |
| 3 | …… | ... besteht / ist aus ...<br>Es ist etwa so groß wie ... / ist ... cm lang und ... cm breit.<br>Es gibt es / Es existiert / Man bekommt es in verschiedenen Farben.<br>Man kann damit ...<br>Ich finde es sehr praktisch. / Es sieht hübsch aus. / Es ist sehr nützlich, wenn man ... / Besonders gut gefällt mir, dass ... |
| 4 | …… | Vielen Dank für Ihre Aufmerksamkeit. / Vielen Dank fürs Zuhören.<br>Wenn Sie Fragen haben, beantworte ich sie gern. / Haben Sie noch Fragen? |
| 5 | …… | In ... ist das ganz anders als in Deutschland. / In Deutschland funktioniert das so: ...<br>Zuerst sucht man Jobangebote. Diese findet man an verschiedenen Stellen: ...<br>Als nächsten Schritt schreibt man in Deutschland / in ... normalerweise eine Bewerbung. Dazu gehören ...<br>Der letzte Schritt ist dann das Vorstellungsgespräch. Dafür ist es wichtig, dass ... |

**So geht's**

Benutzen Sie Redemittel zum Strukturieren Ihrer Präsentation. Sie müssen nicht alle verwenden, aber zeigen Sie an einigen Stellen, dass Sie solche Redemittel kennen.

**d** Arbeiten Sie zu zweit. Schreiben Sie Redemittel für die anderen drei Prüfungsthemen.

- einen Arbeitgeber beschreiben
- die eigene berufliche Entwicklung vorstellen
- eine Person beschreiben, an der man sich beruflich orientieren möchte

**e** Schreiben Sie Präsentationen zu den Themen aus 2b. Verwenden Sie dabei mindestens fünf Redemittel aus 3c und 3d.

**So geht's**

Zeigen Sie bei Ihrer Präsentation, dass Sie Sätze verbinden können. Benutzen Sie zum Beispiel *weil, denn, deshalb, dass*. Achten Sie dabei auf die Verbposition!

**f** In diesen Sätzen stehen Verben an der falschen Stelle. Korrigieren Sie sie.

1 Das zeigt, dass Dinge wirklich können funktionieren.
2 Ich finde, dass sie hat beruflich schon viel erreicht.
3 Sie nicht immer zum Unterricht kommen konnte, weil ihre Kinder waren oft krank.
4 Deshalb sie erst beim zweiten Versuch die B1-Prüfung geschafft hat.
5 Ich bin sicher, sie schafft das, denn erreicht sie eigentlich immer ihre Ziele.

**g** Wählen Sie eine Präsentation aus 2a und üben Sie sie. Legen Sie dann den Text weg und sprechen Sie frei. Nehmen Sie Ihre Präsentation mit dem Handy auf. Die Gruppe gibt Ihnen hinterher Feedback zu folgenden Punkten:

- War der Inhalt interessant?
- Waren Sie gut zu verstehen?
- Haben Sie Sätze richtig verbunden?
- Was kann man beim nächsten Mal noch besser machen?

**So geht's**

Sie sollen die Präsentation gut vorbereiten. Am Ende ist es aber wichtig, dass sie nicht wie ein auswendig gelernter Text klingt.

## 4 Anschlussfragen souverän beantworten

**Schon gewusst?**

Im zweiten Teil von **Sprechen Teil 1**, der auch 2 Minuten dauert, stellen Ihnen die Prüfenden **Fragen zu Ihrer Präsentation**. Dieser Teil ist genauso wichtig wie die Präsentation.

**a** Was können Sie sagen, wenn Sie eine Frage verstanden haben, aber etwas Zeit zum Nachdenken brauchen? Kreuzen Sie an.

1 ☐ Das ist eine gute Frage.
2 ☐ Da muss ich kurz überlegen.
3 ☐ Darauf möchte ich nicht antworten.
4 ☐ Das ist gar nicht so leicht zu beantworten.
5 ☐ Das ist eine wichtige Frage: Ich denke, ...

**b** Was können Sie sagen, wenn Sie eine Frage nicht verstehen? Ergänzen Sie die Vokale in den Ausdrücken in den Klammern.

1 .................... (NTSCHLDGNG), ich habe die Frage nicht richtig verstanden.
2 Könnten Sie die Frage bitte .................... (WDRHLN)?
3 .................... (TT MR LD), das habe ich nicht genau verstanden.
4 Könnten Sie die Frage bitte noch einmal anders .................... (STLLN)?

33 **c** Lesen Sie die Fragen zu dem Gespräch aus 3a. Welche Antworten a–e passen? Hören Sie die Antworten und kreuzen Sie an.

1 Wie lange dauert die Ausbildung zur Pflegehelferin? a ☐ b ☐ c ☐ d ☐ e ☐
2 Spricht Ihre Cousine jetzt gut Deutsch? a ☐ b ☐ c ☐ d ☐ e ☐
3 Möchten Sie auch eine Ausbildung zur Pflegehelferin machen? a ☐ b ☐ c ☐ d ☐ e ☐
4 Haben Sie in Ihrem Heimatland schon gearbeitet? a ☐ b ☐ c ☐ d ☐ e ☐
5 Wie können Sie gut entspannen? a ☐ b ☐ c ☐ d ☐ e ☐

**So geht's**

Antworten Sie auf die Fragen nicht nur mit einem Wort (z. B. „Ja“ oder „Nein“). Zeigen Sie, was Sie können, und sprechen Sie in ganzen Sätzen.

**d** Welche Frage passt zu welchem der sechs möglichen Prüfungsthemen? Notieren Sie die Nummer.

1 ein Arbeitgeber | 2 ein bestimmter Beruf | 3 berufliche Entwicklung | 4 ein Produkt | 5 eine Person | 6 wie die Jobsuche funktioniert

a ☐ Würden Sie das noch mal kaufen?
b ☐ Wie viele Mitarbeiter hat die Firma?
c ☐ Seit wann interessieren Sie sich für diesen Beruf?
d ☐ Würden Sie heute etwas anders machen?
e ☐ Gibt es noch andere Personen, die berufliche Vorbilder für Sie sind?
f ☐ Sind Vorstellungsgespräche dort ähnlich wie in Deutschland?

**e** Üben Sie zu zweit. Bereiten Sie Kärtchen mit den sechs Prüfungsthemen vor. Ziehen Sie ein Thema und halten Sie eine freie Präsentation dazu. Die Partnerin/der Partner stellt Ihnen drei Fragen dazu. Beantworten Sie sie mit zwei bis drei Sätzen.

**Nicht vergessen!**
Während der Prüfung stellt Ihnen **die Prüferin oder der Prüfer** die Fragen nach Ihrer Präsentation.

## 5 Prüfungsaufgabe: Sprechen Teil 1

### Teil 1A Über ein Thema sprechen (ca. 2 Minuten pro TN)

Wählen Sie ein Thema aus und sprechen Sie circa zwei Minuten darüber. Danach stellt Ihnen die Prüferin oder der Prüfer Fragen dazu. Zeigen Sie, was Sie können.

Beschreiben Sie einen bestimmten Beruf und warum Sie sich dafür interessieren (z. B. Aufgaben, Vor- und Nachteile, Besonderheiten).

**oder**

Erzählen Sie von einem Produkt, das Sie vor Kurzem gekauft haben (z. B. Funktion, Aussehen, Material, Größe, Preis, was Ihnen daran gefällt).

### Teil 1B Anschlussfragen beantworten (ca. 2 Minuten pro TN)

Im Anschluss an die Ausführung einer Teilnehmerin bzw. eines Teilnehmers stellt die Prüferin bzw. der Prüfer einige Fragen.

## 1 Was ist Smalltalk?

**a** Wo sind die Personen? Wo führen Sie Smalltalk? Notieren Sie die Wörter.

in der Kantine | in der Umkleide | im Bus | im Aufzug | in der Teeküche

4 ..................

1 ..................

2 ..................

3 ..................

5 ..................

**b** Was ist Smalltalk? Ergänzen Sie die Erklärung.

Bus | alltägliche | passt | positive | spontanes | persönlich | Essen

Smalltalk ist ein .......1......., „kleines“ Gespräch über .......2....... Themen, die nicht zu .......3....... werden. Es geht dabei vor allem um eine .......4....... Atmosphäre zwischen den Gesprächspartnern. Die Themen in einem Smalltalk variieren. Beginnen Sie mit dem Thema, das gerade zur Situation .......5.......: Sprechen Sie z. B. in der Kantine zuerst über das .......6......., im .......7....... über den Weg zur Arbeit oder Verspätungen oder das Wetter.

**c** Welche Themen sind nicht gut für Smalltalk geeignet? Streichen Sie sie durch. Warum sind die Themen nicht geeignet? Diskutieren Sie.

**d** Sammeln Sie mehrere Punkte zu den Themen aus 1c. Schreiben Sie auch Punkte, die sich auf die Arbeit beziehen.

Beispiel: **Wochenende**

*letztes Wochenende, Pläne für das kommende Wochenende, Arbeit am Wochenende, Familie am Wochenende, Freizeittipps für das Wochenende*

## 2 Passende Redemittel benutzen

**a** Mit welchen Sätzen kann man einen Smalltalk anfangen oder beenden, mit welchen Sätzen kann man reagieren? Ordnen Sie die Redemittel den Kategorien zu und schreiben Sie sie in Ihr Heft.

Das klingt interessant! | Jetzt muss ich aber wieder an die Arbeit. | Sag mal, wie findest du ...? | Weißt du schon, dass ...? | Ich habe mitbekommen, dass ... | Oh, wirklich? | So, jetzt muss ich aber weiterarbeiten. Wir sehen uns. | Das ist aber schade! | Hast du schon gehört, dass ...? | Schönen Tag noch, ich muss los. | Gute Frage. Ich glaube, ... | Genau! Das ist wirklich ... | Was machst du eigentlich am ...?

| *Smalltalk anfangen* | *auf das Gesagte reagieren* | *Smalltalk beenden* |
|---|---|---|
| | | |
| | | |
| | | |

**b** Lesen Sie die Sätze. Um welche Themen geht es? Was könnte die Situation sein? Diskutieren Sie in der Kleingruppe.

1 „Ganz schön kalt geworden, oder?"
2 „Guten Appetit! Wie schmeckt Ihr Essen?"
3 „Na, musst du dieses Wochenende auch arbeiten?"
4 „Heute hat der Bus wieder Verspätung."

*Bei Nr. 1 ist das Wetter das Thema.*

*Vielleicht kommen die Kollegen gerade im Büro an.*

## 3 Gekonnt Fragen stellen

 **Schon gewusst?**

In der Prüfungsaufgabe **Sprechen Teil 2** führen Sie mit Ihrer Partnerin oder Ihrem Partner einen Smalltalk wie unter Kolleginnen und Kollegen in der Pause. Sie bekommen ein Aufgabenblatt mit jeweils einem arbeitsbezogenen und zwei allgemeinen Themen. Sie können auch über ein zusätzliches Thema sprechen. Insgesamt dauert dieser Prüfungsteil **ca. 3 Minuten**.

**a** Bringen Sie die W-Fragen in die richtige Reihenfolge. Schreiben Sie sie in Ihr Heft.

Beispiel: DEIN / WIE / WOCHENENDE / WAR
*Wie **war** dein Wochenende?*

1 DU / AM WOCHENENDE / GEMACHT / WAS / HAST
2 DU / WELCHE PLÄNE / HAST / FÜRS WOCHENENDE
3 ARBEITEST / SO OFT / DU / AM WOCHENENDE / WARUM
4 WOCHENENDARBEIT / DU / FINDEST / WIE
5 AM WOCHENENDE / DU / WANN / ARBEITEN / MUSST

 **So geht's**

In W-Fragen steht das Verb auf Position 2.

**So geht's**

Sie können Ihre Partnerin oder Ihren Partner duzen oder siezen. Wichtig ist, dass Sie sich beide für eine Form entscheiden. Am besten besprechen Sie das kurz. Fragen Sie am Anfang des Gesprächs z. B., *Können wir uns duzen?* oder *Ist es okay, wenn wir uns duzen?*

**b** Formen Sie die Fragen aus 2a in die *Sie*-Form um. Schreiben Sie die Fragen in Ihr Heft.

**c** Bringen Sie die Ja/Nein-Fragen in die richtige Reihenfolge. Achten Sie auf die passende Verbform. Schreiben Sie die Fragen in Ihr Heft.

Beispiel: ZUR ARBEIT / SIE / FAHREN / AUCH / MIT DEM BUS
*Fahren Sie auch mit dem Bus zur Arbeit?*

1 HEUTE / STAU / AUF DER AUTOBAHN / SEIN
2 HEUTE / NICHT / DIE U2 / FAHREN
3 DIE BAHN / HABEN / OFT / VERSPÄTUNG
4 SIE / BRINGEN / VOR DER ARBEIT / DIE KINDER / ZUR SCHULE
5 AUCH BEI REGEN / SIE / MIT DEM FAHRRAD / FAHREN

**So geht's**

Stellen Sie im Smalltalk lieber W-Fragen als Ja-/Nein-Fragen, weil die Partnerin oder der Partner dann eine längere Antwort geben kann und man leichter im Gespräch bleibt.

**d** Formulieren Sie W-Fragen und Ja/Nein-Fragen zu den Themen aus 1d.

**e** Welche Frage passt zu welcher Antwort? Ordnen Sie zu.

| | | | |
|---|---|---|---|
| 1 | Was machst du am Wochenende? | a | Ja, da ist es meistens ruhiger. |
| 2 | Schmeckt es dir? | b | Kartoffelpuffer, glaube ich. |
| 3 | Wie kommst du momentan zur Arbeit? | c | Ich möchte ins Kino gehen. |
| 4 | Arbeitest du gern am Wochenende? | d | Ja, es ist sehr lecker. |
| 5 | Was gibt es heute in der Kantine? | e | Ich fahre mit der U-Bahn. |

**f** Lesen Sie die Antwort und schreiben Sie eine passende Frage. Es gibt mehrere Möglichkeiten.

1 ..................................................?
Am Samstag habe ich Sport gemacht. Und am Sonntag waren wir mit den Kindern im Kino, das war sehr schön.

2 ..................................................?
Oh, sehr schön. Ich habe mich wirklich gut erholt, auch wenn ich nicht weggefahren bin.

3 ..................................................?
Nein, im Moment bin ich nicht zufrieden. Ich finde, ich arbeite zu lange.

4 ..................................................?
Ja, mein Zug kommt in letzter Zeit immer zu spät.

5 ..................................................?
Weil ich am Wochenende nach Berlin fahre. Darauf freue ich mich sehr.

**So geht's**

Sie sollen das Gespräch in Gang halten. Achten Sie deshalb darauf, dass Ihre Antworten nicht zu kurz sind, und stellen Sie selbst auch Fragen. In einem Smalltalk können mehrere Themen vorkommen. Wichtig ist, dass sich beide Prüfungsteilnehmende aktiv am Gespräch beteiligen.

**g** Hören Sie das Gespräch und bringen Sie die Fragen in die richtige Reihenfolge. 34

- ☐ Treffen wir uns um eins am Aufzug?
- ☐ Und was machst du am Wochenende?
- ☐ Wie geht's?
- ☐ Hast du schon Pläne fürs Wochenende?
- ☐ Wollen wir heute vielleicht zusammen zu Mittag essen?
- ☐ Bist du noch gesund, bei diesem Wetter?

## 4 Im Gespräch bleiben

**a** Hören Sie den Dialog aus 3g noch einmal. Was sind die Themen? Notieren Sie. 34

1 ..........
2 ..........
3 ..........
4 ..........

**So geht's**

Wenn Sie selbst zu einem Thema nichts sagen können, können Sie über andere Personen sprechen, die damit Erfahrung haben. Sie können auch interessiert nachfragen oder das Thema wechseln.

**b** In den folgenden Smalltalk-Ausschnitten hat die gefragte Person keine Erfahrung mit dem Thema. Wie reagiert sie? Ordnen Sie zu. 35

| | |
|---|---|
| 1 über andere Leute sprechen | ☐ Gespräch A |
| 2 nachfragen, wie es beim Gegenüber ist | ☐ Gespräch B |
| 3 das Thema wechseln | ☐ Gespräch C |

## 5 Geschickt zum nächsten Thema wechseln

**a** Lesen Sie die Gesprächsausschnitte. Welche zwei Smalltalk-Themen werden angesprochen? Markieren Sie Schlüsselwörter und notieren Sie die Themen.

1 *Am Wochenende waren wir in Berlin, wir haben Freunde besucht. Ich hätte aber gern mal ein bisschen länger frei als nur ein Wochenende. Hattest du dieses Jahr eigentlich schon Urlaub?*

Thema 1: ................................ Thema 2: ................................

2 *Ja, das Wetter ist wirklich super! Leider soll es am Wochenende wieder regnen. Und wir wollten so gerne eine Fahrradtour machen.*

Thema 1: ................................ Thema 2: ................................

3 *Mir schmeckt es auch super, Schnitzel machen sie hier wirklich gut. Kennst du eigentlich schon das neue Restaurant in der Großen Straße? Das kann ich nur empfehlen.*

Thema 1: ................................ Thema 2: ................................

**b** Auf welche Fragen antworten die Beiträge in 5a? Schreiben Sie die Fragen in Ihr Heft.

**c** Markieren Sie im folgenden Dialog die Themen und ergänzen Sie die passenden Antworten und Fragen.

▶ Hallo, wir haben uns ja lange nicht gesehen.

▷ ................................................................

▶ Mir geht es gut, danke. Ich habe ziemlich viel zu tun, aber das macht auch Spaß. Und wie geht's dir?

▷ ................................................................

▶ Ich war letzten Monat auch krank. Viele Kollegen sind im Moment krank. Na ja, es ist Herbst und das Wetter ist schlecht.

▷ ................................................................

▶ Nein, dieses Wochenende habe ich frei. Arbeitest du oft am Wochenende?

▷ ................................................................

▶ Oh wirklich, du hast dieses Jahr noch richtig Urlaub! Ich habe mir nur zwischen Weihnachten und Silvester freigenommen.

▷ ................................................................

▶ Ja, ich muss auch weiterarbeiten. Wir sehen uns!

**d** Spielen Sie mit Ihrer Partnerin / Ihrem Partner. Würfeln Sie und rücken Sie zu dem entsprechenden Thema oder der entsprechenden Situation vor. Beginnen Sie ein passendes Gespräch mit Ihrer Partnerin / Ihrem Partner. Sprechen Sie eine Minute lang. Sie können das Thema auch wechseln.

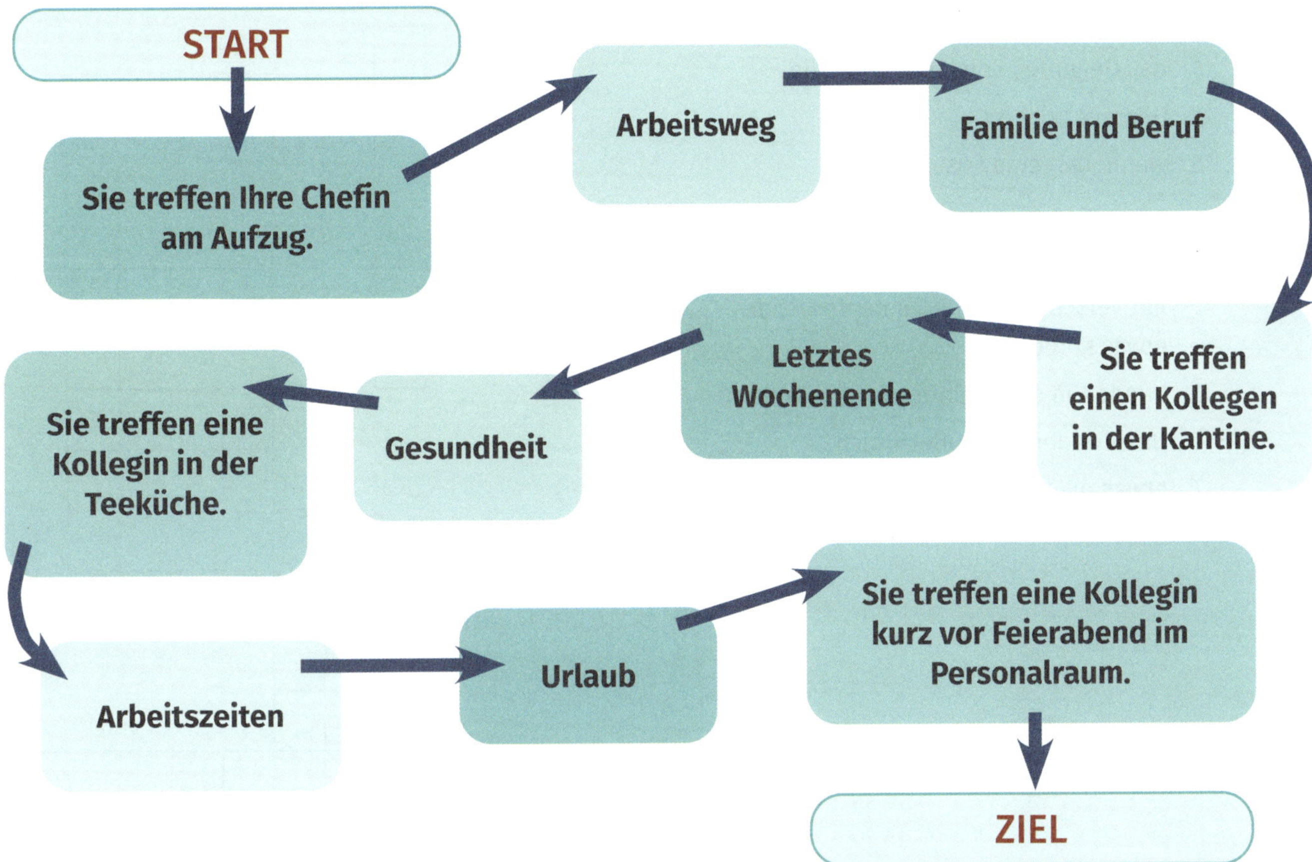


## 6 Prüfungsaufgabe: Sprechen Teil 2

**Teilnehmer/in A und B**

**Teil 2 Mit Kolleginnen und Kollegen sprechen** (ca. 3 Minuten)

**Aufgabe:**
Sprechen Sie mit Ihrer Gesprächspartnerin oder Ihrem Gesprächspartner.
Stellen Sie Fragen und antworten Sie.

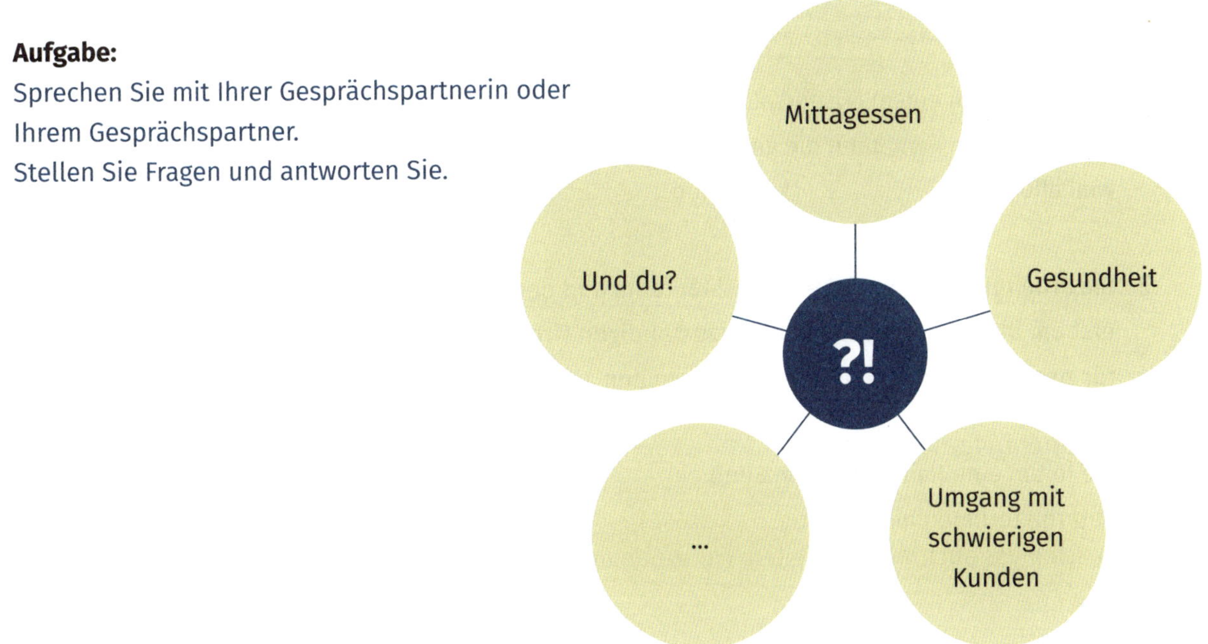

## 1 Über ein Problem sprechen

**a** Welche Wörter passen zu den Erklärungen? Lösen Sie das Kreuzworträtsel.

**senkrecht**

1 das Gegenteil von „Problem": die ...
4 (Waren) bringen
5 wenn man eine Frist einhält

**waagerecht**

2 mit verschiedenen Argumenten über etwas sprechen
3 Kunden in einem Café oder Restaurant
6 Unzufriedenheit äußern: sich ...
7 etwas planen: etwas ...

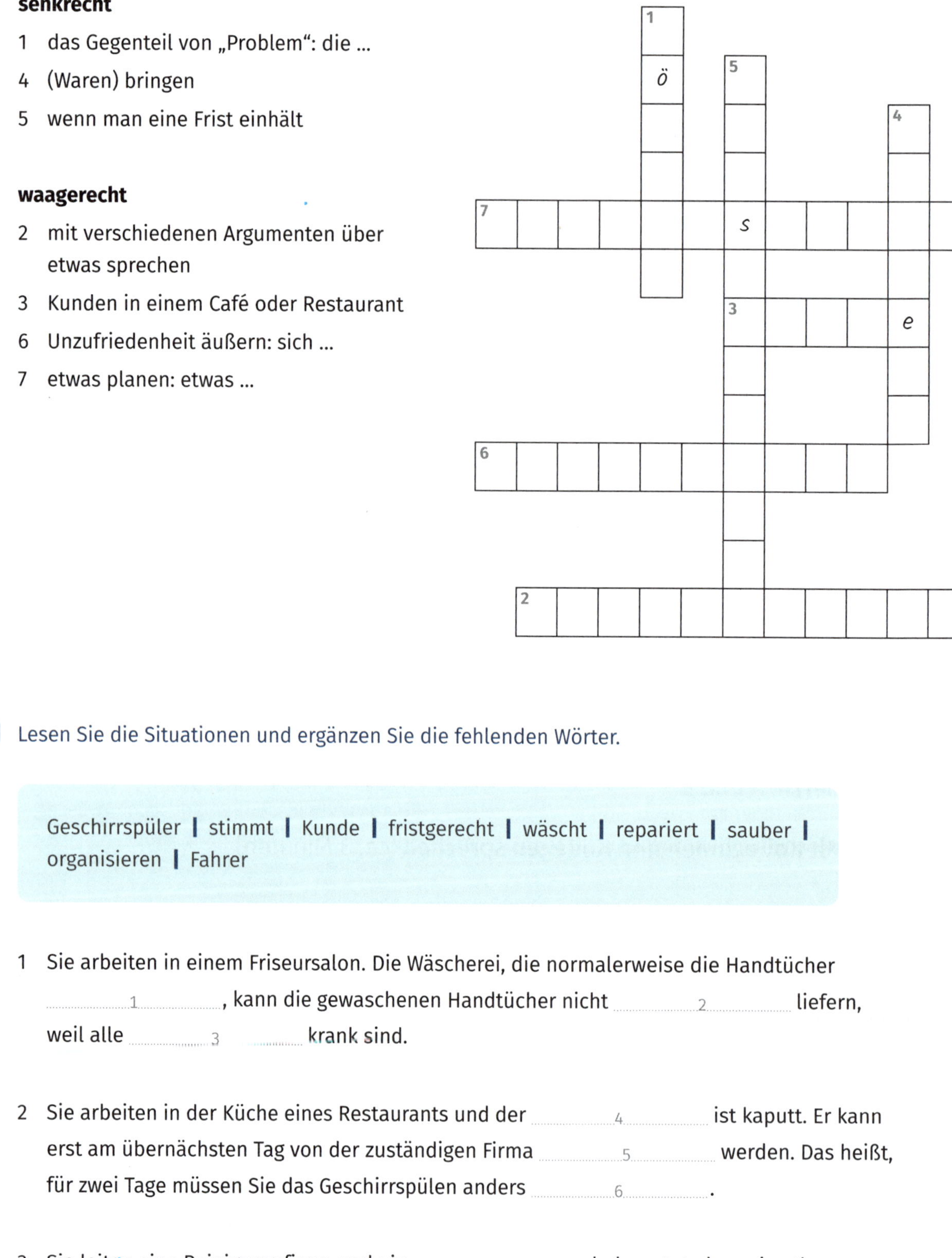


**b** Lesen Sie die Situationen und ergänzen Sie die fehlenden Wörter.

Geschirrspüler | stimmt | Kunde | fristgerecht | wäscht | repariert | sauber | organisieren | Fahrer

1 Sie arbeiten in einem Friseursalon. Die Wäscherei, die normalerweise die Handtücher ___1___, kann die gewaschenen Handtücher nicht ___2___ liefern, weil alle ___3___ krank sind.

2 Sie arbeiten in der Küche eines Restaurants und der ___4___ ist kaputt. Er kann erst am übernächsten Tag von der zuständigen Firma ___5___ werden. Das heißt, für zwei Tage müssen Sie das Geschirrspülen anders ___6___.

3 Sie leiten eine Reinigungsfirma und ein ___7___ behauptet, dass eine Ihrer Mitarbeiterinnen nicht richtig ___8___ macht. Die Mitarbeiterin sagt, das ___9___ nicht.

## 2 Vorschläge machen

**Schon gewusst?**

In der Prüfungsaufgabe **Sprechen Teil 3** besprechen Sie gemeinsam mit Ihrer Partnerin oder Ihrem Partner **ein Problem aus dem Berufsalltag**. Dabei sollen Sie zeigen, dass Sie Vorschläge machen, auf Vorschläge reagieren und Schritte für eine Lösung planen können. Dieser Prüfungsteil dauert **ca. 5 Minuten**.

**a** Ergänzen Sie die unvollständigen Wörter.

**etwas vorschlagen**

Ich schl.................. vor, dass ...

Was hä.................. du davon, wenn ...?

Ich finde, wir so.................. ...

Wir kö.................. ...

**fragen, was die / der andere denkt**

Was mei.................. du?

Wie fi.................. du die Idee?

Was schl.................. du vor?

Hast du noch eine andere I..................?

**einem Vorschlag zustimmen**

Das ist ein guter Vo...................

Ich fi.................. die Idee sehr gut.

Die Idee ge.................. mir.

Das kl.................. gut.

**einen Vorschlag ablehnen**

Das finde ich nicht so gut, w.................. ...

Das fu.................................... nicht, denn ...

**einen Gegenvorschlag machen**

Vielleicht wäre es be.................., wenn ...

Ich denke, wir sollten lie.................. ...

**b** Lesen Sie die Situationen. Notieren Sie Lösungsideen für die Probleme.

1 Sie arbeiten in einem Friseursalon. Die Wäscherei, die normalerweise die Handtücher wäscht, kann die gewaschenen Handtücher nicht fristgerecht liefern, weil alle Fahrer krank sind.

- mit der Wäscherei sprechen
- anderer Preis
- anderer Fahrer
- andere Handtücher
- ...

**Ihre Ideen**

______________________

______________________

______________________

______________________

______________________

______________________

 **So geht's**

In der Prüfung müssen Sie nicht über alle Punkte auf dem Notizzettel sprechen. Die Ideen sind nur als Hilfe für Sie gedacht. Vergessen Sie nicht, die **Situation in der Aufgabenstellung** genau zu lesen.

2 Sie arbeiten in der Küche eines Restaurants und der Geschirrspüler ist kaputt. Er kann erst am übernächsten Tag von der zuständigen Firma repariert werden. Das heißt, für zwei Tage müssen Sie das Geschirrspülen anders organisieren.

- Vertrag mit Reparaturfirma prüfen
- andere Reparaturfirma beauftragen
- von Hand spülen
- Personal fürs Spülen
- ...

**Ihre Ideen**

______________________

______________________

______________________

______________________

______________________

______________________

3 Sie leiten eine Reinigungsfirma und ein Kunde behauptet, dass eine Ihrer Mitarbeiterinnen nicht richtig sauber macht. Die Mitarbeiterin sagt, das stimmt nicht.

- mit der Mitarbeiterin sprechen
- den Kunden um Details und Fotos bitten
- eine andere Mitarbeiterin zu dem Kunden schicken
- den Kunden verlieren
- ...

**Ihre Ideen**

______________________

______________________

______________________

______________________

______________________

______________________

**So geht's**

Denken Sie daran: Ihre Vorschläge sollten gut für die Kunden und gut für die Firma sein, das heißt z. B. nicht zu teuer.

**c** Schreiben Sie Vorschläge für die Situationen in 2b in verschiedenen Varianten. Nutzen Sie dafür die Formulierungen unter ***etwas vorschlagen*** in 2a.

**Beispiel:**

**Ich schlage vor, dass** wir zuerst die Wäscherei anrufen.

**Was hältst du davon, wenn** wir zuerst die Wäscherei anrufen?

**Ich finde, wir sollten** zuerst die Wäscherei anrufen.

**Wir könnten** zunächst die Wäscherei anrufen.

## 3 Auf Vorschläge reagieren

**a** Hören Sie das Gespräch zu Thema 1 aus 2b. Welche Redemittel hören Sie? Kreuzen Sie an. 36

**einem Vorschlag zustimmen**

- ☐ Das ist ein guter Vorschlag.
- ☐ Ich finde die Idee sehr gut.
- ☐ Die Idee gefällt mir.
- ☐ Das klingt gut.

**einen Vorschlag ablehnen**

- ☐ Das finde ich nicht so gut, weil ...
- ☐ Das funktioniert nicht, denn ...

**einen Gegenvorschlag machen**

- ☐ Vielleicht wäre es besser, wenn ...
- ☐ Ich denke, wir sollten lieber ...

**So geht's**

Seien Sie im Gespräch aktiv und machen Sie eigene Vorschläge.

**b** Hören Sie den Dialog noch einmal. Welcher Vorschlag wird abgelehnt und warum? Notieren Sie. 36

Abgelehnter Vorschlag: ..................................................

Grund: ..................................................

**c** Arbeiten Sie zu zweit. Schreiben Sie Dialoge zu den Themen 2 und 3 aus 2b. Strukturieren Sie die Dialoge nach dem folgenden Dialogschema. Nutzen Sie Ihre Notizen und die Formulierungen aus 2a.

| Partner/in A | Partner/in B |
| --- | --- |
| erzählt von dem Problem → | |
| | stellt eine Nachfrage zu dem Problem |
| ← antwortet auf die Frage, fragt nach Vorschlägen → | |
| | macht einen Vorschlag |
| ← lehnt den Vorschlag ab, nennt den Grund und macht einen Gegenvorschlag → | |
| | lehnt den Vorschlag ab, nennt den Grund und macht einen Gegenvorschlag |
| ← stimmt zu und ergänzt die Idee oder macht einen weiteren Vorschlag → | |
| | stimmt zu |

## 4 Gemeinsam eine Lösung finden

37 **a** Hören Sie den Schluss des Gesprächs und bringen Sie die vereinbarten Lösungsschritte in die richtige Reihenfolge.

- ☐ nach Zeitpunkt von möglicher Lieferung fragen
- ☐ die Wäscherei anrufen
- ☐ fragen, wer von den Auszubildenden mit dem Auto da ist
- ☐ nach günstigerem Preis fragen

**b** Welche Sätze sind eine gute Einleitung für die Zusammenfassung der Lösungsschritte? Kreuzen Sie an.

1 ☐ Also, dann haben wir jetzt einen Plan: ...
2 ☐ Okay, dann machen wir das jetzt so: ...
3 ☐ Also, ich weiß jetzt auch nicht weiter.
4 ☐ Gut, dann machen wir also Folgendes: ...
5 ☐ Gut, dann schließen wir das jetzt ab. ...
6 ☐ Also, dann gehen wir jetzt so vor: ...

**c** Welches sind die Elemente einer zeitlichen Reihenfolge? Ergänzen Sie.

zu........., da........., dan........., schl.........

**So geht's**

Sprechen Sie auch darüber, wer welche Aufgaben übernimmt.

**d** Wie kann man Aufgaben verteilen? Ordnen Sie die passenden Satzhälften zu.

| | |
|---|---|
| 1 Wer könnte | a ich. |
| 2 Wen könnten | b das übernehmen? |
| 3 Könntest du das | c wir fragen? |
| 4 Das erledige | d machen? |

**e** Schreiben Sie einen Schluss für Ihre beiden Dialoge aus 3c. Legen Sie die Reihenfolge der Lösungsschritte fest und verteilen Sie die Aufgaben.

**f** Üben Sie die beiden Dialoge aus 3c und 4e mit Ihrer Partnerin / Ihrem Partner. Spielen Sie sie dann möglichst frei in der Klasse vor. Die Gruppe achtet auf folgende Punkte und gibt anschließend Feedback.

- Gibt es eine Lösung?
- Waren beide Gesprächspartnerinnen / Gesprächspartner aktiv?
- Haben sie gut auf die Vorschläge der Partnerin / des Partners reagiert?
- Konnte man sie gut verstehen?

## 5 Prüfungsaufgabe: Sprechen Teil 3

### Teilnehmer/in A und B

### Teil 3 Gemeinsam etwas planen (ca. 5 Minuten)

**Situation**

Sie arbeiten beide in einer Firma. Sie sollen die Weihnachtsfeier für alle Mitarbeitenden in einem Restaurant organisieren. Sie haben mehrere Restaurants angerufen, aber alle sind schon ausgebucht.

**Aufgabe**

Sprechen Sie mit Ihrer Partnerin oder Ihrem Partner über die Einzelheiten. Machen Sie Vorschläge und begründen Sie Ihre Vorschläge.
Gehen Sie auf die Ideen Ihrer Partnerin oder Ihres Partners ein.
Einigen Sie sich.

Diese Stichpunkte helfen Ihnen:

**Anderer Termin?**

---

**Anderer Ort?**

---

**Anders feiern?**

---

**Bekannte fragen?**

---

**Im Internet suchen?**

---

**...?**

**Nicht vergessen!**

In der Prüfung sollen Sie die Antwort nicht ankreuzen, sondern sie markieren wie hier:

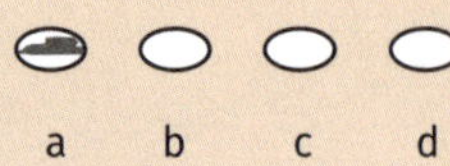


## Lesen Teil 1

Lesen Sie die Informationen zu den Personen 1–5 und die Anzeigen a–h. Welche Anzeige passt zu welcher Person? Markieren Sie Ihre Lösungen auf dem Antwortbogen.

**1** Ayla hat gern Kundenkontakt, kann aber nur vormittags arbeiten.

**2** Robin braucht Räume für seine Tätigkeit als Masseur.

**3** Tim sucht einen Job in der Gastronomie.

**4** Hassan ist auch bei der Arbeit gern im Auto unterwegs.

**5** Irina arbeitet gern mit älteren Menschen und ist zeitlich flexibel.

**a Mitarbeiter im Servicecenter (m/w/d)**

*Leverkusen*

Kundenberater am Telefon gesucht! Sind Sie zeitlich flexibel? Wir arbeiten im Früh- und Spätdienst. Zuverlässigkeit, sicherer Umgang mit Word und Excel, sehr gute Deutschkenntnisse wünschenswert.

mehr ...

**b Taverne Lesbos**

*Sassnitz*

Ab sofort suchen wir für unser griechisches Restaurant Küchenhilfen und Spülhilfen (m/w/d), Arbeitszeiten auch abends und am Wochenende, dienstags frei, 12 Euro/Stunde. Interesse geweckt? Hier unser Bewerbungsformular.

mehr ...

**c Massagetherapeut (m/w/d)**

*Institut Wellparadies, Hildesheim*

Wir suchen freundliche, motivierte Mitarbeiter und bieten ein abwechslungsreiches Arbeitsumfeld in einem netten Team. Du solltest eine staatlich anerkannte Ausbildung haben.

mehr ...

**d Modeberater (m/w/d)**

*Altona*

in Teilzeit gesucht. Deine Aufgaben: aktive Kundenberatung und Verkauf. Du solltest kommunikativ und serviceorientiert sein. Arbeitszeit: Montag bis Samstag 8–12 Uhr. Wir bieten ein faires Gehalt und 30 Tage Urlaub.

mehr ...

**e Mitarbeiter Hauswirtschaft (m/w/d)**

*Altenheim „Josephine", Riegelsberg*

Unser Servicepersonal braucht helfende Hände! Aufgaben: Mahlzeiten für unsere Senioren servieren, Zimmer reinigen, Bettwäsche wechseln. Wir bieten: Teilzeitbeschäftigung in Früh- und Spätdiensten, faire Vergütung. Arbeitszeit zwischen 6:30 und 19:30 Uhr.

mehr ...

**f Ruhe-Räume**

*Stuttgart*

Du suchst einen Raum für deinen Yogakurs, für Massagen, Seniorengymnastik oder Ähnliches? Wir vermieten wunderschöne, ruhig gelegene Räume. Liegen, Sitze, Matten usw. sind vorhanden.

mehr ...

**g Ladenlokal**

*Paderborn*

Modernes, helles Ladenlokal in zentraler Lage ab sofort zu vermieten. 200 qm, geeignet für Gastronomie, da Möbel und Küche vorhanden. Besichtigungen ab sofort möglich. Anfragen und Termine über das Kontaktformular.

mehr ...

**h Paketzusteller (m/w/d)**

*Ahrensberg*

Zum Zustellen und Abholen von Paketen in und um Ahrensberg suchen wir dringend engagierte Mitarbeiter. Arbeitszeit: Montag bis Samstag. Du solltest ein sicherer Autofahrer und an schnelles Arbeiten und schweres Tragen gewöhnt sein.

mehr ...

## Lesen Teil 2

Lesen Sie die Texte. Welche Antwort (a, b oder c) passt am besten?
Markieren Sie Ihre Lösungen zu den Aufgaben 6–9 auf dem Antwortbogen.

**Erste-Hilfe-Kurse**

„Schnell und richtig helfen können – das gibt Sicherheit!" Unsere zahlreichen Kurse machen Sie sicher in Erster Hilfe bei fast jedem Notfall in Freizeit und Beruf. Man benötigt dafür keine Vorkenntnisse.
Wir bieten Kurse mit unterschiedlichen Schwerpunkten an:

**Kurs 1** ist geeignet für alle Interessierten ab 14 Jahren, aber Pflicht für Führerscheinbewerber.
**Kurs 2** ist geeignet für Erzieher, Lehrer und alle, die beruflich mit der Betreuung von Kindern zu tun haben.
Kurs 1 und 2 dauern je einen Tag und umfassen jeweils neun Unterrichtseinheiten.

**Kurs 3** ist geeignet für aktive Sportler. Übungsleiter in Sportvereinen, Trainer, Sportlehrer usw. müssen diese Fortbildung besuchen. Der Kurs dauert 16 Unterrichtseinheiten. Er kann an vier Abenden oder an zwei Wochenenden kompakt gebucht werden.

**Kurs 4** ist unser Klassiker: Ersthelferkurse für Betriebsmitarbeitende.
In diesen speziellen Kursen bilden wir Personen aus, die Ersthelfer im Betrieb sind oder werden wollen. In allen Betrieben muss eine bestimmte Anzahl von Mitarbeitenden in Erster Hilfe ausgebildet sein.

Ersthelfer müssen die Fortbildung spätestens alle zwei Jahre wiederholen. Die Kosten für die Kurse zur Aus- und Fortbildung von Ersthelfern übernimmt die Unfallversicherung.
Alle Termine und Anmeldeformulare für alle unsere Kurse finden Sie auf unserer Homepage. Die Anmeldefrist endet zwei Wochen vor Kursstart. Die Rechnung für die Kurse wird Ihnen automatisch per E-Mail zugestellt. Die Teilnahmegebühr ist spätestens bei Kursbeginn zu zahlen, entweder per Banküberweisung oder bar am ersten Kurstag.

**6** Erste-Hilfe-Kurse sind

- **a** ausschließlich für Erwachsene gedacht.
- **b** für bestimmte Personen verpflichtend.
- **c** ohne Vorwissen nicht möglich.

**7** Kurs 3

- **a** ist nur für Trainer wichtig.
- **b** findet an mehreren Tagen statt.
- **c** wird nur samstags und sonntags angeboten.

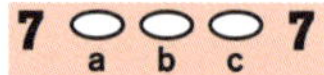

**8** Betriebe müssen

- **a** Ersthelferkurse nicht selbst bezahlen.
- **b** jedes Jahr Erste-Hilfe-Kurse anbieten.
- **c** mindestens zwei Ersthelfer ausbilden.

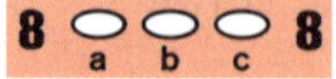

**9** Die Teilnehmer müssen

- **a** die Gebühr im Kurs bezahlen.
- **b** sich bis 14 Tage vor Kursbeginn anmelden.
- **c** sich vor Ort anmelden.

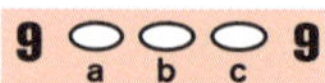

## Lesen Teil 3

Lesen Sie die Texte. Welche Antwort (a oder b) passt am besten?
Markieren Sie Ihre Lösungen zu den Aufgaben 10–13 auf dem Antwortbogen.

**Willkommen bei Lauer**

Wir begrüßen Sie ganz herzlich bei Lauer-Fensterrahmen und wünschen Ihnen einen guten Start und viel Erfolg in unserem Unternehmen. Lauer ist Arbeitgeber für über 2.000 Mitarbeiter an 18 Standorten in neun Ländern Europas. Die Produktion findet ausschließlich in Deutschland statt, in den Werken Hannover und Stralsund. Dort produzieren wir Profile und Fensterrahmen sowohl aus Aluminium als auch aus Kunststoff.

Nachhaltigkeit und Umweltbewusstsein sind uns besonders wichtig. Deshalb garantieren wir die Wiederverwertung all unserer Produkte aus Kunststoff. Diese können zum Beispiel zu einem feinen Granulat verarbeitet werden. Daraus können wieder neue Profile oder Fensterrahmen hergestellt werden. Außerdem haben unsere Rahmen aus Aluminium im Vergleich zu Holzrahmen eine sehr viel längere Lebensdauer.

Auf den folgenden Seiten dieser Willkommensmappe präsentieren wir die Werte unseres Unternehmens und die wichtigsten Produkte ausführlich.

**10** Die Firma

- **a** beschäftigt Mitarbeiter in mehreren Ländern.
- **b** produziert in vielen europäischen Ländern.

**11** Das Unternehmen

11 ○ a ○ b 11

- **a** recycelt seine Kunststoffe.
- **b** verwendet auch Holz als Material.

**Regeln zu Verkehr und Parken**

Auf unserem Betriebsgelände ist ständig viel Verkehr. Weil diese Situation Gefahren mit sich bringt, sind die Bereiche für Fußgänger speziell markiert. Die Kennzeichnungen dafür sind gelbe Linien und gelbe Flächen. Fußgänger dürfen nur diese Bereiche benutzen. Motorisierte Verkehrsteilnehmer wie Lkws oder Gabelstapler dürfen sich in den Fußgängerbereichen nur sehr langsam und vorsichtig bewegen. Die maximale Geschwindigkeit ist 10 km/h.

Auf dem Besucherparkplatz ist das Parken nur für Besucher, Kunden und Lieferanten gestattet. Die Mitarbeitenden können Ihren privaten Pkw kostenlos auf dem Mitarbeiterparkplatz parken. Dieser liegt etwa 800 Meter vom Betrieb entfernt. Es gibt eine überdachte Fußgängerbrücke, die von dort über die A4 direkt zum Eingangsbereich führt. Dort verwenden Sie dann Ihren Chip, um ins Werk und in die Büros zu kommen. Gleichzeitig dient dieser Chip dafür, Beginn und Ende Ihrer Arbeitszeit zu registrieren. Sie erhalten den Chip am ersten Arbeitstag im Personalbüro.

**12** In den gelb markierten Zonen

12 ○ a ○ b 12

- **a** dürfen keine Lkws fahren.
- **b** müssen sich Fußgänger bewegen.

**13** Mitarbeitende

- **a** brauchen für ihren Arbeitsplatz einen Chip.
- **b** können direkt vor dem Eingang parken.

## Lesen Teil 4

Lesen Sie die Texte. Zu jedem Text gibt es eine Aufgabe. Ist die Aussage richtig oder falsch? Markieren Sie Ihre Lösungen zu den Aufgaben 14–18 auf dem Antwortbogen.

Lieber Antony,
gestern Abend hat der Kunde Herr Deger bei mir eine große Bestellung aufgegeben. Den Auftrag konnte ich noch fertigstellen, aber die Rechnung habe ich nicht mehr geschafft. Könntest du sie bitte heute Vormittag noch fertigmachen und ihm als E-Mail zuschicken? Alle Unterlagen zu diesem Auftrag liegen auf meinem Schreibtisch.
Danke, liebe Grüße, Svenja

**14** Antony soll eine Rechnung per E-Mail senden.
richtig/falsch?

**14** ○ richtig ○ falsch **14**

Hallo Manuel,
was würdest du an meiner Stelle tun? Ich hatte gestern Probleme mit einem Gast im Café. Er fand, dass ich unfreundlich war und ihn auch zu langsam bedient habe. Ich sehe das ganz anders, aber ich habe Angst, dass er sich beim Chef beschwert. Soll ich zuerst selbst mit dem Chef sprechen?
Danke dir.
Nasira

**15** Ein Gast war unzufrieden mit Nasiras Arbeit.
richtig/falsch?

**15** ○ richtig ○ falsch **15**

Hallo Timea,
du warst gestern krank. Deshalb weißt du nicht, dass wir unsere Besprechung auf morgen verschieben mussten. Sie war ja für heute Nachmittag drei Uhr geplant. Die Uhrzeit bleibt die gleiche. Bitte gib die Information an alle Kolleginnen und Kollegen weiter, denn ich bin ab sofort im Urlaub.
Danke dir und viele Grüße
Mohammad

**16** Die Teambesprechung ist morgen um 15 Uhr.
richtig/falsch?

**16** ○ richtig ○ falsch **16**

Hallo Olga,
wie du weißt, geht Frau Walter nach 18 Jahren im Betrieb in Rente. Wir sollten ein kleines Abschiedsgeschenk für sie vorbereiten. Hast du einen Vorschlag? Ich denke an einen schönen Schal, was meinst du? Ich könnte in der Stadt etwas besorgen und bis Montag sammele ich Geld von allen Abteilungen.
Bis später, Antonia

**17** Antonia hat ein Geschenk gekauft.
richtig/falsch?

**17** ○ richtig ○ falsch **17**

Hallo Ismail,
unser Kaffeeautomat in der dritten Etage ist leider wieder kaputt. Der Kaffee läuft nur noch ganz langsam durch, irgendwas funktioniert da nicht richtig. Ein Servicetechniker will das heute Nachmittag in Ordnung bringen, aber ich bin dann nicht mehr im Haus. Kannst du ihn bitte reinlassen und ihm den Automaten zeigen?
Danke und beste Grüße
Peter

**18** Ismail soll die Kaffeemaschine reparieren.
richtig/falsch?

**18** ○ richtig ○ falsch **18**

## Lesen und Schreiben

Ihre Firma erhält eine Nachricht von einem Kunden.

| | |
|---|---|
| **Gesendet:** | heute, 8:17 Uhr |
| **Von:** | Jan Kovalenko |
| **An:** | info@onlinefit.de |
| **Betreff:** | Bestellung Nr. 254/HELM/13 |

Sehr geehrte Damen und Herren,

vor einiger Zeit habe ich einen weißen Fahrradhelm bei Ihnen bestellt. Er wurde pünktlich geliefert, aber leider in Rot. Ich musste ihn also zurückschicken und habe dann einen neuen Helm in der richtigen Farbe von Ihnen bekommen. Diesen habe ich nun erst zweimal zum Fahrradfahren angehabt und wieder gibt es ein Problem: Beim Öffnen ist ein Stück vom Verschluss abgebrochen, dadurch kann ich den Helm nicht mehr auf- und zumachen.
Ich erwarte von Ihnen einen guten Vorschlag, wie es weitergehen soll.

Sie können sich sicher vorstellen, dass ich mit Ihrem Service und dem Produkt insgesamt sehr unzufrieden bin.

Mit freundlichen Grüßen
Jan Kovalenko

Notizen für die Antwort an Herrn Kovalenko:
- Gründe für die Probleme
- Problemlösung

Welche Lösung (a oder b) passt am besten?
Markieren Sie auf dem Antwortbogen.

**19** Der Fahrradhelm ist  19 a b 19

**a** mehrmals in der falschen Farbe geliefert worden.
**b** schnell kaputtgegangen.

**20** Herr Kovalenko

**a** fragt nach einer Lösung.
**b** möchte einen neuen Helm.

**21** Schreiben Sie eine E-Mail an den Kunden.
Schreiben Sie etwas zu den beiden Punkten auf dem Notizzettel.
Zeigen Sie, was Sie können. Schreiben Sie möglichst viel.
Schreiben Sie zu jedem Punkt mindestens zwei Sätze auf den Antwortbogen. Vergessen Sie nicht die Anrede und den Gruß.

Schreiben Sie direkt auf den Antwortbogen, Seite 5.

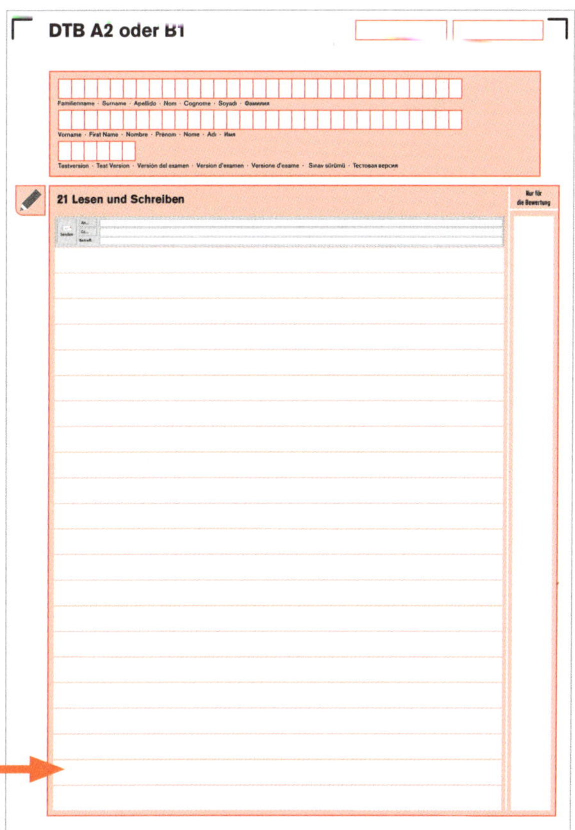

## Hören Teil 1

38

Sie hören vier Gespräche. Zu jedem Gespräch gibt es zwei Aufgaben. Ist die Aussage richtig oder falsch und welche Antwort (a oder b) passt am besten?
Markieren Sie Ihre Lösungen für die Aufgaben 22–29 auf dem Antwortbogen.

Sie hören die Gespräche **einmal**.

**22** Das Café Heike möchte eine Spülmaschine kaufen.
richtig/falsch?

22 ○ richtig ○ falsch 22

**23** Frau Helm möchte

**a** eine Gerätelieferung noch vor Dienstag.
**b** für Lieferung und Aufbau nichts extra bezahlen.

23 ○ a ○ b 23

**24** Der Mann und die Frau tauschen Arbeitstage.
richtig/falsch?

24 ○ richtig ○ falsch 24

**25** Der Mann

**a** bekommt am Samstag Besuch.
**b** organisiert am Wochenende ein Geburtstagsfest.

25 ○ a ○ b 25

**26** Die Frau und der Mann arbeiten im Kindergarten.
richtig/falsch?

26 ○ richtig ○ falsch 26

**27** Der Mann

**a** bereitet das Essen für alle Kinder zu.
**b** will sich um eine Lösung kümmern.

27 ○ a ○ b 27

**28** Herr Schmidt zeigt einer Praktikantin das Hotel.
richtig/falsch?

28 ○ richtig ○ falsch 28

**29** Die Praktikantin

**a** fand die Arbeit im Zimmerservice nicht interessant.
**b** hat im Hotel schon Frühstück serviert.

29 ○ a ○ b 29

## Hören Teil 2

Sie hören drei Aussagen zu einem Thema. Welcher der Sätze a–f passt zu den Aussagen 30 und 31? **39**
Markieren Sie Ihre Lösungen auf dem Antwortbogen.
Lesen Sie jetzt die Sätze a–f. Dazu haben Sie eine Minute Zeit.

Sie hören die Aussagen **einmal**.

**Beispiel:**

| ○ | ● | ○ | ○ | ○ | ○ |
|---|---|---|---|---|---|
| a | b | c | d | e | f |

**30** ...

**31** ...

**a** Beide Elternteile sollten sich um Hausarbeit und Familie kümmern.

~~**b**~~ Kinderbetreuung ist für Alleinerziehende problematisch.

**c** Nur Mütter sollten die Babys in den ersten Monaten betreuen.

**d** Mütter sollten im Haushalt alles allein machen.

**e** Väter sollten einige Zeit mit dem Baby zu Hause bleiben.

**f** Wenn die Familie hilft, braucht man keine andere Kinderbetreuung.

## Hören Teil 3

40

Sie hören zwei Gespräche. Zu jedem Gespräch gibt es zwei Aufgaben.
Welche Antwort (a oder b) passt am besten? Markieren Sie Ihre Lösungen für die Aufgaben 32–35 auf dem Antwortbogen.

Sie hören die Gespräche **einmal**.

**32** Die Kundin sucht eine Hautcreme

32 ○ a ○ b 32

**a** für die Nacht und für ältere Personen.
**b** mit Sonnenschutz und auf natürlicher Basis.

**33** Der Verkäufer

33 ○ a ○ b 33

**a** empfiehlt zuerst eine sehr teure Creme.
**b** gibt der Kundin eine Probepackung.

**34** Die Beraterin

**a** besucht den Kunden zu Hause.
**b** empfiehlt kleine Fliesen für das Bad.

**35** Die Kunden

**a** brauchen im neuen Bad keine Wanne.
**b** können samstags bis 17 Uhr ins Geschäft gehen.

## Hören Teil 4

Sie hören fünf telefonische Mitteilungen. Zu jeder Mitteilung gibt es eine Aufgabe. 41
Welche Lösung (a, b oder c) passt am besten?
Markieren Sie Ihre Lösungen für die Aufgaben 36–40 auf dem Antwortbogen.

Sie hören jede Mitteilung **einmal**.

**36** Frau Sommer

36 a b c 36

- **a** hat alle wichtigen Dokumente.
- **b** lädt zum Vorstellungsgespräch ein.
- **c** übersetzt Zeugnisse für die Ausbildung.

**37** Das Restaurant

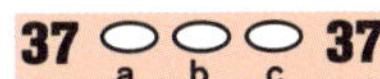

- **a** ändert heute die Öffnungszeiten.
- **b** hat keinen Tisch für 20 Personen.
- **c** sagt die Reservierung für heute ab.

**38** Die Kundin

- **a** braucht die Matratzen dringend.
- **b** kann ihre Matratzen im Lager abholen.
- **c** ruft für einen Termin noch einmal an.

**39** Frau Radu

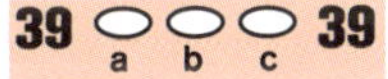

- **a** fängt neu in der Firma an.
- **b** ist seit zwei Tagen krank.
- **c** soll später Urlaub nehmen.

40 a b c 40

**40** Daria soll

- **a** die Blumen kaufen.
- **b** die Frisur fotografieren.
- **c** möglichst bald anrufen.

## Hören und Schreiben

42 Sie hören eine telefonische Mitteilung. Notieren Sie die Informationen auf dem Antwortbogen.

Sie hören die Mitteilung **zweimal**.

### 41 Grund für den Anruf

Wählen Sie die richtige Lösung (a oder b). Markieren Sie auf dem Antwortbogen.

**a** Beschwerde
**b** Bestellung

### 42–45 Notizen schreiben

Schreiben Sie Name, Firma, Telefonnummer und weitere Informationen auf.

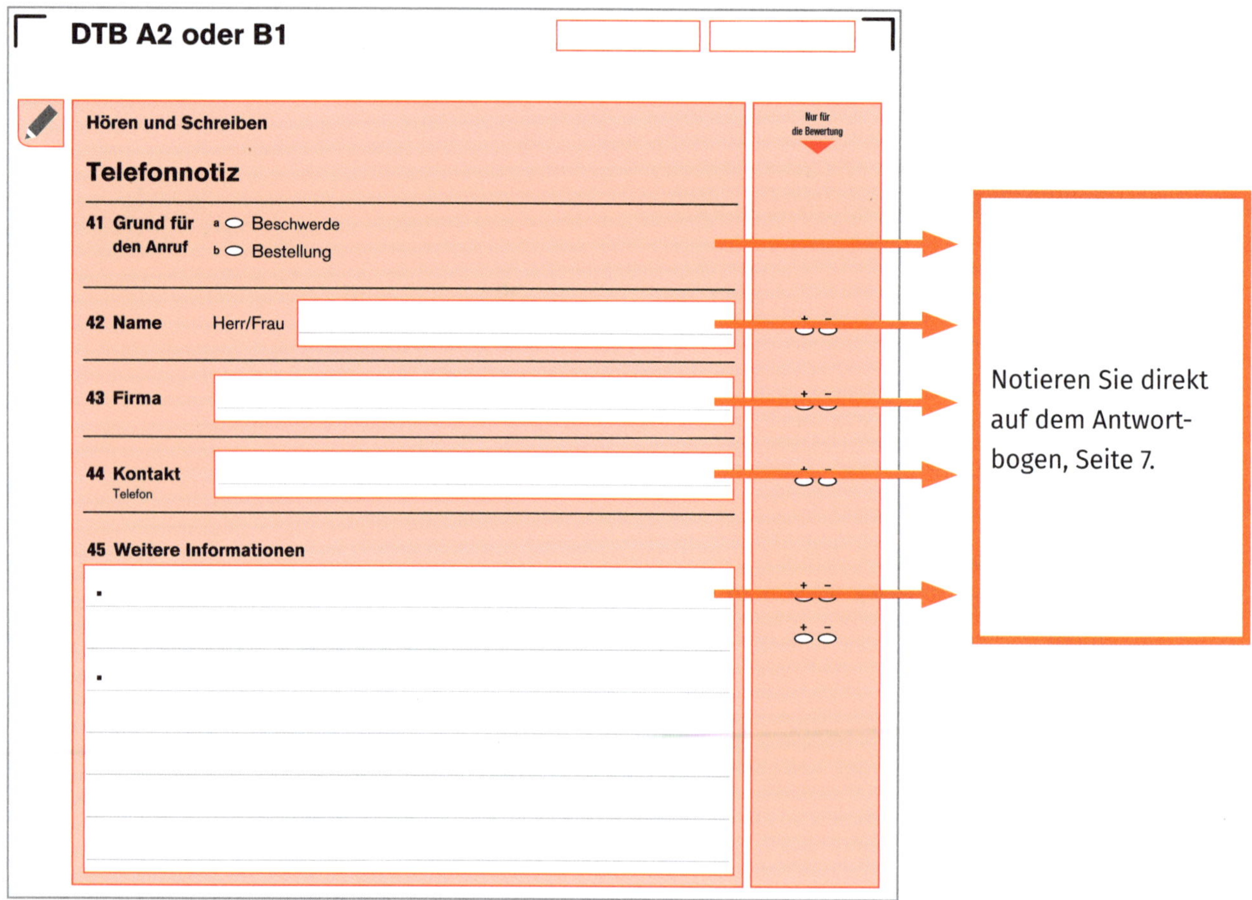

## Sprachbausteine

Lesen Sie den folgenden Text. Welcher Ausdruck (a, b oder c) passt am besten in die Lücken 46–51? Markieren Sie Ihre Lösungen auf dem Antwortbogen.

Betreff: Reklamation zur Lieferung 246/AZ

---

Sehr geehrte Frau Iwanowa,

die Lieferung 246/AZ haben wir erhalten, aber wir müssen sie leider reklamieren. Wir möchten Ihnen ______**46**______, dass wir nicht die bestellte Ware erhalten haben. Unsere Bestellung war: 30 Handtücher Größe 50 cm × 70 cm in Weiß. Wir haben aber kleinere Handtücher in Hellgrün bekommen.

Da wir diese Handtücher nicht verwenden können, bitten wir Sie, die ______**47**______ geschickte Ware umgehend bei uns abzuholen. Bitte ______**48**______ Sie die von uns bestellten weißen Handtücher bis spätestens 30. Oktober, weil wir sie in unserer Praxis ______**49**______ benötigen.

Wenn die korrekte Lieferung bis zu diesem Termin nicht ______**50**______ ist, müssen wir den ______**51**______ leider an einen anderen Lieferanten vergeben.

Mit freundlichen Grüßen
Lydia Anders
Physiopraxis Anders

**46** **a** mitteilen
**b** vorschlagen
**c** zusagen

**46** ○ a ○ b ○ c **46**

**47** **a** falsch
**b** nicht
**c** spät

**47** ○ a ○ b ○ c **47**

**48** **a** ändern
**b** liefern
**c** transportieren

**48** ○ a ○ b ○ c **48**

**49** **a** dringend
**b** manchmal
**c** selten

**49** ○ a ○ b ○ c **49**

**50** **a** anwesend
**b** bekannt
**c** möglich

**50** ○ a ○ b ○ c **50**

**51** **a** Auftrag
**b** Beitrag
**c** Vertrag

**51** ○ a ○ b ○ c **51**

## Schreiben

**52** Ein befreundeter Kollege schreibt Ihnen folgende Kurznachricht. Antworten Sie Ihrem Kollegen. Schreiben Sie Ihre Antwort direkt auf den Antwortbogen.

Ich habe ein Problem mit meinem Computer. Kannst du mir vielleicht helfen?

Nein, tut mir leid, das kann ich nicht.

Warum denn nicht? Es ist eilig, ich kann nicht weitermachen.

Schreiben Sie direkt auf den Antwortbogen, Seite 8.

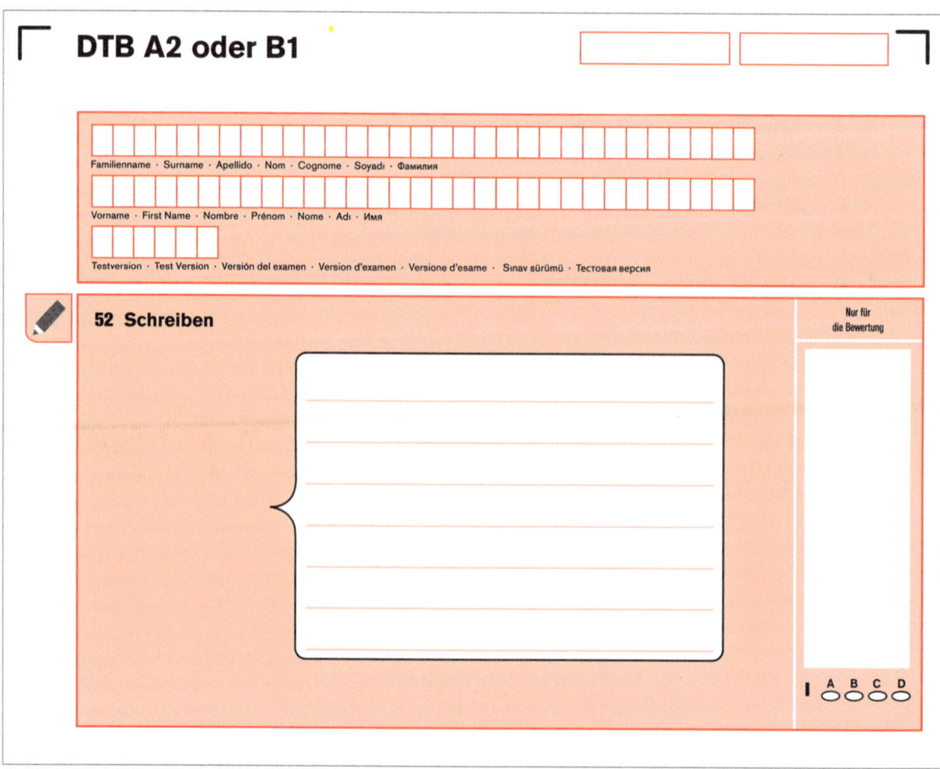
DTB A2 oder B1

Familienname · Surname · Apellido · Nom · Cognome · Soyadı · Фамилия

Vorname · First Name · Nombre · Prénom · Nome · Adı · Имя

Testversion · Test Version · Versión del examen · Version d'examen · Versione d'esame · Sınav sürümü · Тестовая версия

**52 Schreiben**

Nur für die Bewertung

A B C D

## Mündliche Prüfung

## Teilnehmer/in A und B

### Teil 1A Über ein Thema sprechen (ca. 2 Minuten pro TN)

Wählen Sie ein Thema aus und sprechen Sie circa zwei Minuten darüber. Danach stellt Ihnen die Prüferin oder der Prüfer Fragen dazu. Zeigen Sie, was Sie können.

**Den Teilnehmenden werden jeweils zwei der folgenden sechs Themen angeboten:**

1. Beschreiben Sie **einen Arbeitgeber**, für den Sie gearbeitet haben oder arbeiten möchten (z. B. Was macht die Firma? Wie groß ist die Firma? Wo ist diese Firma? Was gefällt Ihnen?).

2. Beschreiben Sie **einen bestimmten Beruf** und warum Sie sich dafür interessieren (z. B. Aufgaben, Vor- und Nachteile, Besonderheiten).

3. Stellen Sie **Ihre berufliche Entwicklung** vor (z. B. Stationen in Ihrem Berufsleben, was haben Sie dort gelernt, wichtige berufliche Entscheidungen, Gründe dafür).

4. Erzählen Sie von **einem Produkt**, das Sie vor Kurzem gekauft haben (z. B. Funktion, Aussehen, Material, Größe, Preis, was Ihnen daran gefällt).

5. Beschreiben Sie **eine Person**, an der Sie sich beruflich orientieren möchten (z. B. wer, was macht die Person, was finden Sie gut / nicht gut, warum).

6. Beschreiben Sie, **wie die Jobsuche funktioniert**. Sprechen Sie über ein Land Ihrer Wahl (z. B. Angebote finden, Beratung, Bewerbung schreiben, Vorstellungsgespräch).

### Teil 1B Anschlussfragen beantworten (ca. 2 Minuten pro TN)

Im Anschluss an die Ausführung einer Teilnehmerin bzw. eines Teilnehmers stellt die Prüferin bzw. der Prüfer einige Fragen.

## Teilnehmer/in A und B

### Teil 2 Mit Kolleginnen und Kollegen sprechen (ca. 3 Minuten)

Sprechen Sie mit Ihrer Gesprächspartnerin oder Ihrem Gesprächspartner.
Stellen Sie Fragen und antworten Sie.

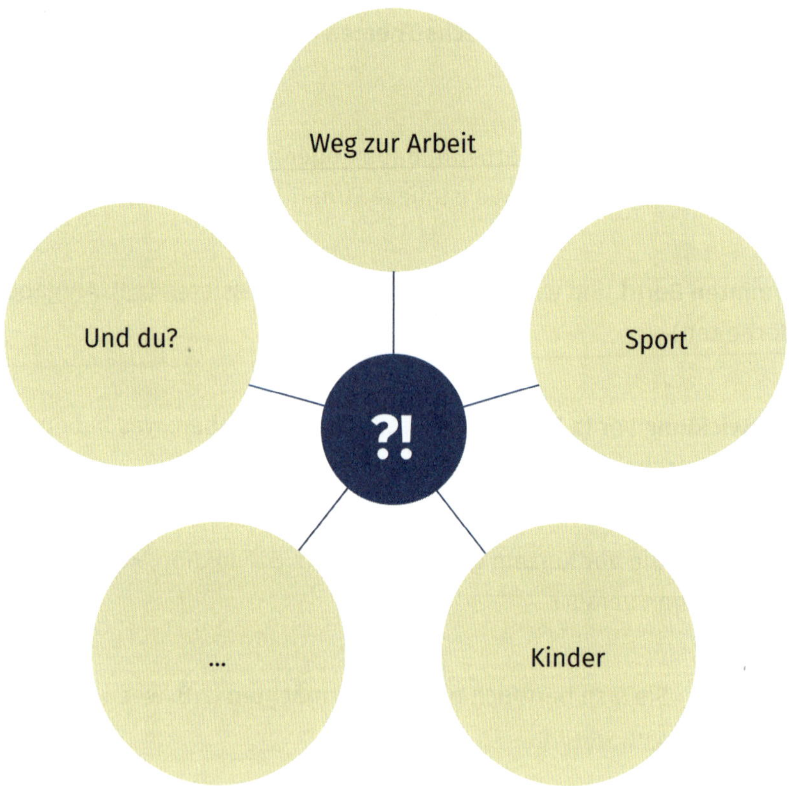

## Teilnehmer/in A und B

### Teil 3 Gemeinsam etwas planen (ca. 5 Minuten)

#### Situation

Sie arbeiten beide im gleichen Betrieb.
Sie sollen dort die Mülltrennung besser organisieren.

#### Aufgabe

Sprechen Sie mit Ihrer Partnerin oder Ihrem Partner über die Einzelheiten. Machen Sie Vorschläge und begründen Sie Ihre Vorschläge.
Gehen Sie auf die Ideen Ihrer Partnerin oder Ihres Partners ein.
Einigen Sie sich.

Diese Stichpunkte helfen Ihnen:

**Welche Mülltrennung?**

**Warum?**

**Wo Mülltonnen?**

**Kollegen informieren?**

**Kosten?**

**...?**

## Lesen Teil 1

**So geht's**

Üben Sie das Ausfüllen des Antwortbogens.

Lesen Sie die Informationen zu den Personen 1–5 und die Anzeigen a–h. Welche Anzeige passt zu welcher Person? Markieren Sie Ihre Lösungen auf dem Antwortbogen.

**1** Abdul möchte einen kleinen Gemüseladen eröffnen.

**2** Andrea sucht eine Vollzeitbeschäftigung in der Gastronomie.

**3** Can ist Automechaniker und möchte sich selbstständig machen.

**4** Inga arbeitet gern in der Natur und ist zeitlich flexibel.

**5** Marina möchte am Wochenende arbeiten und direkt anfangen.

**a Servicekraft (m/w/d)**

*Caféhaus, Stuttgart*

Sie haben bereits Erfahrung im Service? Dann bewerben Sie sich!
Ihre Aufgaben: bedienen, kassieren und Reservierungen annehmen. Arbeitszeit 40 Stunden pro Woche, Schichtarbeit, Öffnungszeiten täglich 8–22 Uhr.

mehr ...

**b Kfz-Mechaniker (m/w/d) in Vollzeit**

*Flughafen, Frankfurt*

Werden Sie Teil unseres Teams! Sie prüfen und reparieren unsere Fahrzeuge. Wir bieten: sicheren Arbeitsplatz, gute Bezahlung, Jobticket. Voraussetzung: Führerschein, gute Deutschkenntnisse, Erfahrung wünschenswert.

mehr ...

**c Servicemitarbeiter (m/w/d)**

*Kino Cineworld, Darmstadt*

Ab sofort suchen wir für samstags und sonntags eine Unterstützung in Teilzeit für die Bereiche Kasse und Kundenservice. Erfahrung im Verkauf erforderlich.

mehr ...

**d Küchenhilfe (m/w/d)**

*City-Hotel, Köln*

Hotel mit Restaurant und Wellnessbereich sucht zum nächstmöglichen Termin Aushilfskraft für die Küche. Teilzeit, Montag bis Freitag von 17 bis 21 Uhr. Ihre Aufgaben: spülen, Küche reinigen.

mehr ...

**e Gartenhilfe (m/w/d)**

*Privathaushalt, Worms*

Älteres Ehepaar sucht engagierten Hobbygärtner auf Minijob-Basis. Arbeitseinsatz nach Bedarf.
Ihre Aufgaben: Pflege des Rasens und der Blumen, Schneiden der Obstbäume, Unkraut jäten.

mehr ...

**f Nachmieter gesucht!**

*Offenburg*

Kfz-Werkstatt 140 m², ab sofort für 1.700 EUR zzgl. NK zu vermieten. Elektrik, Wasseranschluss, Ölheizung, Lagerraum und großer Parkplatz vorhanden. Geeignet für Autoreparaturen, Lackierarbeiten und als Lager.

mehr ...

**g Ladenlokal**

*Freiburg*

Geschäftsraum geeignet für Blumenladen oder kleines Lebensmittelgeschäft. Lagerregale und Theke vorhanden. Verkaufsraum 60 m², 15 m² Lagerfläche. Kundenparkplätze in der Nähe. Keine Gastronomie!

mehr ...

**h Babysitter (m/w/d)**

*Privathaushalt, Karlsruhe*

Familie mit 1-jährigem Kind sucht dringend Kinderbetreuung. Sie sollen an Werktagen von 13 bis 15 Uhr auf das Kind aufpassen, mit ihm spielen und an die frische Luft gehen. Manchmal Bedarf auch am Wochenende.

mehr ...

## Lesen Teil 2

Lesen Sie den Text. Welche Antwort (a, b oder c) passt am besten?
Markieren Sie Ihre Lösungen zu den Aufgaben 6–9 auf dem Antwortbogen.

**Berufliche Neuorientierung**

Denken Sie schon länger darüber nach, neue Wege in Ihrem Berufsleben zu gehen, aber Sie kommen einfach nicht weiter? Unsere Seminare unterstützen Sie auf Ihrem Weg, den passenden Job zu finden, sich weiterzuentwickeln oder sich neu zu orientieren.

In dem Kurs *Karriere plus* finden Sie gemeinsam mit unseren erfahrenen Trainern heraus, wie und mit wem Sie in Zukunft arbeiten wollen und was Sie dafür brauchen. Das kann ein Vollzeitjob, eine ehrenamtliche oder eine selbstständige Tätigkeit sein. Sie erstellen auch einen Plan für die nächsten Schritte. Außerdem lernen Sie verschiedene Möglichkeiten der Jobsuche kennen, z. B. Jobportale im Internet, Stellenanzeigen usw. Bitte bringen Sie als Arbeitsgrundlage Ihren aktuellen Lebenslauf mit.

Diesen Kurs bieten wir online oder in Präsenz an. Der Onlinekurs findet an vier Terminen mit je vier Stunden statt. Zwei Tage vor Kursbeginn bekommen die Kursteilnehmenden einen Einladungslink an ihre E-Mail-Adresse. Für den Kursbesuch benötigen Sie einen PC oder Laptop mit Mikrofon und eine gute Internetverbindung. Für eine angenehme Atmosphäre ist außerdem eine Kamera wünschenswert, die Sie während des Kurses eigeschaltet lassen.

Wenn Sie lieber vor Ort lernen, dann ist unser Präsenzkurs genau richtig! Dieser Kurs findet an nur einem Wochenende mit höchstens vier Teilnehmenden statt. Das ist wichtig, damit jede Person im Kurs optimal unterstützt wird. Die Kursräume sind modern ausgestattet. Jeder Teilnehmende kann dort unsere neuesten Computer mit Internetzugang nutzen.

Die Beratung bieten wir werktags von 8 bis 15 Uhr telefonisch oder persönlich an. Die Anmeldung erfolgt zu diesen Öffnungszeiten in unserem Sekretariat oder jederzeit auf unserer Internetseite.

**6** Im Kurs *Karriere plus*

- **a** bekommt man neue Ideen und Unterstützung.
- **b** bewirbt man sich um eine neue Arbeitsstelle.
- **c** schreibt man einen Lebenslauf.

**7** Für den Onlinekurs

- **a** benötigt man an zwei Tagen Zeit.
- **b** erhält man die Zugangsdaten per E-Mail.
- **c** muss man eine Kamera benutzen.

**8** Der Kurs in der Schule findet

- **a** an vier Terminen statt.
- **b** in großen Gruppen statt.
- **c** in Räumen mit aktueller Technik statt.

**9** Die Kursteilnehmenden können sich

- **a** bis 20 Uhr persönlich anmelden.
- **b** immer online anmelden.
- **c** online beraten lassen.

## Lesen Teil 3

Lesen Sie die Texte. Welche Antwort (a oder b) passt am besten?
Markieren Sie Ihre Lösungen zu den Aufgaben 10–13 auf dem Antwortbogen.

**Willkommen bei Baustoff Hurtig**

Wir begrüßen Sie als neuen Mitarbeitenden bei Baustoff Hurtig. Wir sind die erste Adresse für Bauen, Modernisieren und Renovieren in der Region. Das Unternehmen wurde 1978 von den Brüdern Ernst und Peter Hurtig gegründet und ist auch heute noch ein Familienbetrieb.

Unsere Kunden erwartet ein umfangreiches Sortiment an Fliesen und Natursteinen. Ob modern, klassisch, elegant oder rustikal – wir haben für jeden Geschmack die passenden Baumaterialien. Durch professionelle Beratung, Zuverlässigkeit und faire Preise überzeugen wir unsere Kunden. Unser Team berät kundenorientiert bei der Renovierung von Küche, Bad oder Terrasse.

Baustoff Hurtig beschäftigt rund 80 Mitarbeitende und bildet 20 Azubis aus. Wir sind deshalb ein beliebter Arbeitgeber in der Region. Wir legen großen Wert auf Qualifizierung und bieten deshalb regelmäßige Fortbildungen für unsere Mitarbeitenden an. So unterstützen wir Sie in Ihrer beruflichen Entwicklung in unserem Haus.

**10** Baustoff Hurtig

- **a** führt Renovierungen bei Kunden durch.
- **b** ist seit 1978 ein Familienunternehmen.

**11** Die Firma bietet

- **a** den Mitarbeitenden Karrierechancen.
- **b** 20 Plätze für Weiterbildung an.

**Regelungen bei Nachtarbeit**

Mitarbeitende, die in Nachtschicht arbeiten, erhalten eine Nachtzulage. Dieser finanzielle Bonus ist im Arbeitszeitgesetz geregelt. Laut Gesetz haben Nachtarbeitende einen Anspruch auf den Nachtzuschlag oder können eine entsprechende Zahl freier, bezahlter Tage bekommen. Von Nachtarbeit spricht man, wenn man zwischen 23 und 6 Uhr mehr als zwei Stunden arbeitet.

Arbeitgeber sind verpflichtet, 25 Prozent Zuschlag zu zahlen. Aber unsere Firma bezahlt für die Nachtarbeit sogar einen Zuschlag in Höhe von 30 Prozent des Bruttolohns. Dadurch möchten wir Ihre Bereitschaft steigern, zu diesen Zeiten eine Schicht zu übernehmen.

Wenn Sie statt der finanziellen Leistung lieber frei nehmen wollen, sollten Sie das im Voraus mit der Leitung Ihrer Abteilung besprechen.

Wer regelmäßig nachts arbeitet, kann einmal jährlich kostenfrei vom Betriebsarzt untersucht werden. Außerdem bieten wir Ihnen kostenlose Gesundheitskurse an. Bei Interesse wenden Sie sich an die Personalabteilung für eine entsprechende Bescheinigung.

**12** Die Firma

- **a** bezahlt 25 Prozent mehr Gehalt für Nachtarbeit.
- **b** motiviert die Arbeitnehmer, auch nachts zu arbeiten.

**13** Mitarbeitende, die oft Nachtschichten übernehmen,

- **a** können eine ärztliche Untersuchung bekommen.
- **b** müssen Gesundheitskurse besuchen.

## Lesen Teil 4

Lesen Sie die Texte. Zu jedem Text gibt es eine Aufgabe. Ist die Aussage richtig oder falsch? Markieren Sie Ihre Lösungen zu den Aufgaben 14–18 auf dem Antwortbogen.

Hallo Birgit,
Sandra hat sich gerade für die nächsten Tage krankgemeldet. Der Auftrag muss aber unbedingt morgen verschickt werden. Deshalb suche ich dringend nach einer Vertretung. Ich habe gerade gesehen, dass du morgen frei hast. Könntest du bitte die Vertretung von Sandra übernehmen und einen Tag später frei nehmen? Gib mir bitte bis 15 Uhr Bescheid. Gruß Marina

**14** Birgit soll ihren freien Tag verschieben.
richtig/falsch?

Hallo Sabine,
hast du schon gehört? Die Firma sucht freiwillige Ersthelfer, die im Notfall während der Arbeitszeit Erste Hilfe leisten. Man muss nur einen Erste-Hilfe-Kurs machen, den die Personalabteilung organisiert. Er dauert einen ganzen Tag. Die Firma bezahlt die Schulung. Möchtest du auch mitmachen? Dann melde dich bis Mittwoch bei Frau Walter. Liebe Grüße Olga

**15** Der Kurs ist für Mitarbeitende kostenlos.
richtig/falsch?

Liebe Eva,
ich habe gerade gemerkt, dass du deinen Urlaubsantrag noch nicht gestellt hast. Könntest du mir bitte das Formular bis heute Nachmittag in mein Büro bringen? Der Chef will spätestens morgen alle Anträge auf seinem Tisch haben. Er möchte sie dieses Jahr selbst kontrollieren und genehmigen. Ich danke dir.
Beste Grüße Julia

**16** Eva soll ihre Urlaubsplanung beim Chef abgeben.
richtig/falsch?

Hallo Arpad,
ich möchte mich bei dir noch einmal für deine schnelle Hilfe bedanken. Mit deiner Unterstützung am Telefon haben wir den Fehler schnell gefunden. So konnten wir den Heizkörper reparieren und nach kurzer Zeit wieder einschalten. Er funktioniert jetzt einwandfrei und der Kunde ist sehr zufrieden mit uns.
Bis bald Roni

**17** Arpad hat die Reparatur der Heizung übernommen.
richtig/falsch?

Hallo Oxana,
ich habe vergessen dir zu sagen, dass ich nächste Woche gleich am Montagmorgen einen wichtigen Arzttermin habe. Ich komme erst um 13 Uhr ins Büro. An diesem Vormittag kommt aber unser neuer Kopierer. Bitte zeige dem Lieferanten, wohin er das Gerät bringen soll. Ich kann es dann am Nachmittag anschließen. Danke. Ich wünsche dir ein schönes Wochenende. Thomas

**18** Thomas will das Kopiergerät selbst liefern.
richtig/falsch?

## Lesen und Schreiben

Ihre Firma erhält eine Nachricht von einem Kunden.

**Gesendet:** heute, 08:15 Uhr
**Von:** Paul Haber / Haustechnik
**An:** reklamation@malerarbeiten.de
**Betreff:** Verlängerung der Frist

Sehr geehrte Damen und Herren,

Sie haben im Januar bei uns Malerarbeiten durchgeführt. Leider sind wir mit Ihrer Leistung nicht zufrieden: Die Wände sind in der falschen Farbe gestrichen. Sie haben auch mehrere Müllsäcke auf der Baustelle zurückgelassen. Das haben wir Ihnen bereits vor zwei Wochen mitgeteilt. Wir haben Sie aufgefordert, die Arbeiten bis zum 16.02. nachzubessern. Wir mussten aber feststellen, dass Sie bis heute keinen Maler zu uns geschickt haben, um die Wände neu zu streichen. Außerdem haben Sie den Müll auch noch nicht abgeholt.

Wir geben Ihnen noch eine letzte Frist von 14 Tagen für die Arbeiten, sonst müssen wir eine andere Malerfirma beauftragen. Die Kosten dafür müssen Sie dann übernehmen.

Mit freundlichen Grüßen

Paul Haber

Notizen für die Antwort an Herrn Haber:
- Gründe für die Probleme
- Problemlösung

Welche Lösung (a oder b) passt am besten?
Markieren Sie auf dem Antwortbogen.

**19** Der Malerbetrieb hat
- **a** die Arbeiten nicht korrekt ausgeführt.
- **b** die Müllsäcke schon mitgenommen.

**20** Herr Haber
- **a** gibt dem Malerbetrieb noch zwei Wochen Zeit.
- **b** hat einen anderen Malerbetrieb beauftragt.

**21** Schreiben Sie eine E-Mail an den Kunden. Schreiben Sie etwas zu den beiden Punkten auf dem Notizzettel. Zeigen Sie, was Sie können. Schreiben Sie möglichst viel.

Schreiben Sie zu jedem Punkt mindestens zwei Sätze auf den Antwortbogen. Vergessen Sie nicht die Anrede und den Gruß.

Schreiben Sie direkt auf den Antwortbogen, Seite 5.

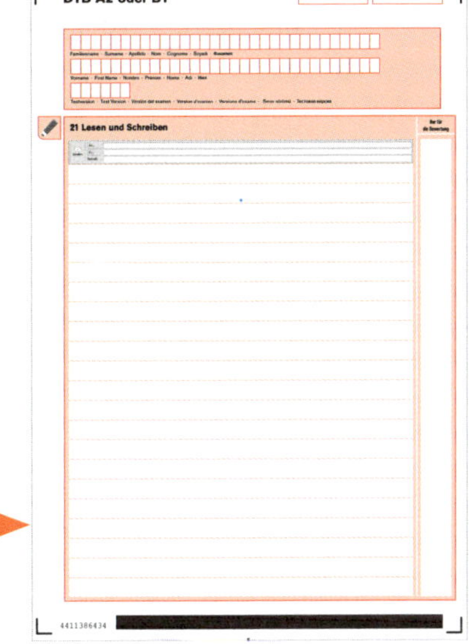

## Hören Teil 1

43

Sie hören vier Gespräche. Zu jedem Gespräch gibt es zwei Aufgaben. Ist die Aussage richtig oder falsch und welche Antwort (a oder b) passt am besten?
Markieren Sie Ihre Lösungen für die Aufgaben 22–29 auf dem Antwortbogen.

Sie hören die Gespräche **einmal**.

**22** Die Fußballtrikots sind noch nicht fertig.
richtig/falsch?

**23** Marco

**a** braucht die Ware nächste Woche.
**b** soll seine Bestellung selbst abholen.

**24** Johanna bittet Tim um einen Gefallen.
richtig/falsch?

**25** Die Werkstatt

**a** ist normalerweise ab 22 Uhr geschlossen.
**b** muss die Regelungen für den Lärmschutz einhalten.

**26** Im Hotel wird der Dienstplan für Weihnachten besprochen.
richtig/falsch?

**27** Isabelle

**a** arbeitet als Reinigungskraft im Hotel.
**b** muss an Weihnachten arbeiten.

**28** Anna sucht eine Vertretung für ihre Schicht.
richtig/falsch?

**29** Giuseppe

**a** möchte ein Wochenende in Berlin verbringen.
**b** will die Abteilungsleitung über den Diensttausch informieren.

## Hören Teil 2

Sie hören drei Aussagen zu einem Thema. Welcher der Sätze a–f passt zu den Aussagen 30 und 31? 44
Markieren Sie Ihre Lösungen auf dem Antwortbogen.
Lesen Sie jetzt die Sätze a–f. Dazu haben Sie eine Minute Zeit.

Sie hören die Aussagen **einmal**.

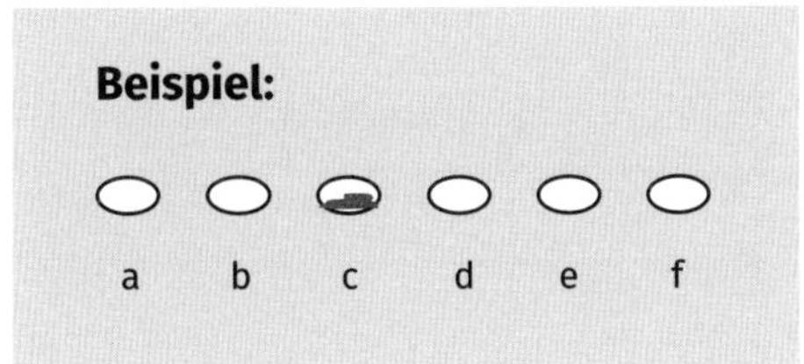


**30** ...

**31** ...

**a** Auch der Mindestlohn ist nicht gerecht.

**b** Der Mindestlohn garantiert eine gute Lebensqualität.

**~~c~~** Die Rechte der Arbeitskräfte werden durch eine geregelte Vergütung garantiert.

**d** Eine korrekte Bezahlung ist wichtig für die Arbeitgeber.

**e** Man sollte die Höhe der Vergütung mit dem Arbeitgeber besprechen.

**f** Mit dem Arbeitgeber muss man über den Mindestlohn reden.

## Hören Teil 3

45 Sie hören zwei Gespräche. Zu jedem Gespräch gibt es zwei Aufgaben.
Welche Antwort (a oder b) passt am besten? Markieren Sie Ihre Lösungen für die Aufgaben 32–35 auf dem Antwortbogen.

Sie hören die Gespräche **einmal**.

**32** Frau Neumann

**a** bestellt Essen für 80 Personen.
**b** meldet zusätzliche Teilnehmer an.

**33** Die Gäste

**a** fahren als Gruppe zum Schiff.
**b** kümmern sich selbst um die Anreise zum Schiff.

**34** Der Kunde

**a** braucht eine zusätzliche Reparatur.
**b** muss lange warten.

**35** Die Mitarbeiterin

**a** muss erst die Firmenadresse notieren.
**b** sendet die Rechnung an die Firma.

## Hören Teil 4

Sie hören fünf telefonische Mitteilungen. Zu jeder Mitteilung gibt es eine Aufgabe. **46**
Welche Lösung (a, b oder c) passt am besten?
Markieren Sie Ihre Lösungen für die Aufgaben 36–40 auf dem Antwortbogen.

Sie hören jede Mitteilung **einmal**.

**36** Tamara soll

- **a** Adrian mit dem Auto abholen.
- **b** den Pannendienst informieren.
- **c** einen Kollegen um Hilfe bitten.

**37** Der Techniker soll

- **a** direkt in den Kopierraum im 2. Stock gehen.
- **b** in den Besprechungsraum zu Frau Arens kommen.
- **c** zuerst in Raum 212 zu Frau Gruber gehen.

**38** Mohammed möchte, dass Janos

- **a** den Dienstplan neu schreibt.
- **b** im Mai mehr arbeitet.
- **c** seinen Dienst mit Martina tauscht.

**39** Karls Team

- **a** bekommt weitere Aufgaben.
- **b** hat sich über die Firma Brose beschwert.
- **c** soll jeden Freitag die Fenster putzen.

**40** Die Frau

- **a** bestellt für 17:30 Uhr ein Taxi zum Bahnhof.
- **b** hat im Taxi einen Personalausweis gefunden.
- **c** ist gestern mit dem Taxi zum Marktplatz gefahren.

## Hören und Schreiben

47 Sie hören eine telefonische Mitteilung. Notieren Sie die Informationen auf dem Antwortbogen.

Sie hören die Mitteilung **zweimal**.

### 41 Grund für den Anruf

Wählen Sie die richtige Lösung (a oder b). Markieren Sie auf dem Antwortbogen.

**a** Beschwerde

**b** Bestellung

### 42–45 Notizen schreiben

Schreiben Sie Name, Firma, Telefonnummer und weitere Informationen auf.

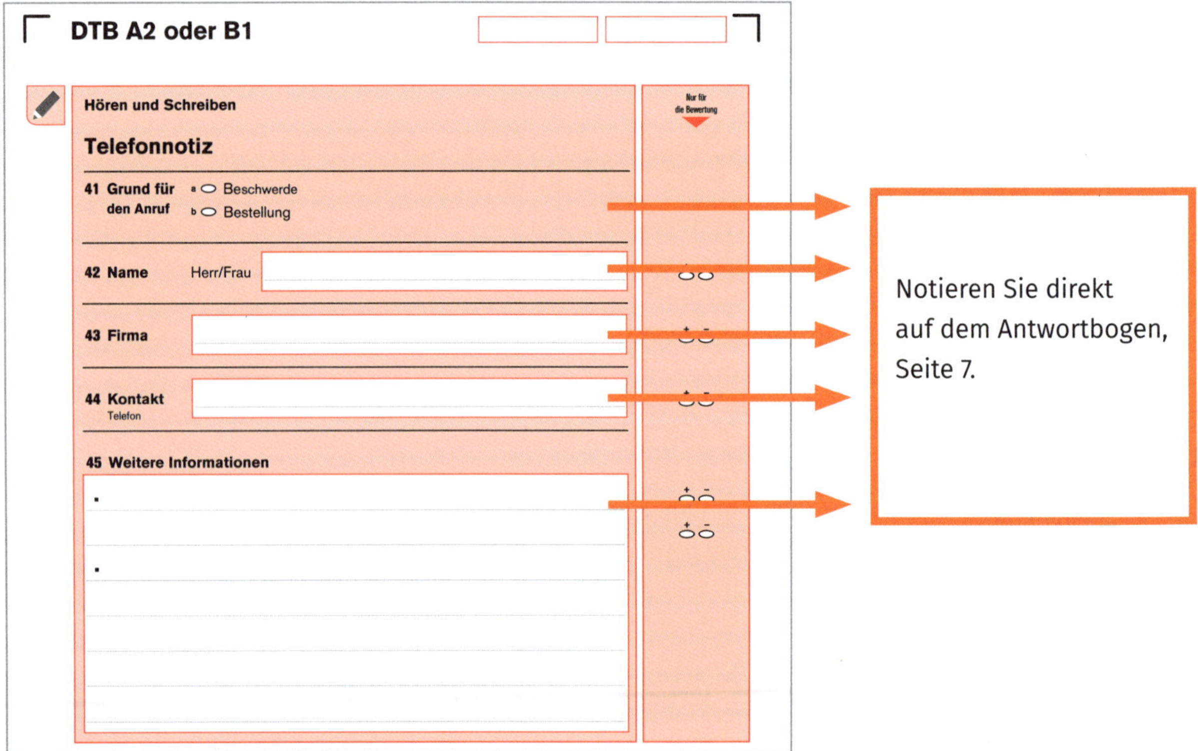

**DTB A2 oder B1**

**Hören und Schreiben**

**Telefonnotiz**

**41 Grund für den Anruf** a ⬭ Beschwerde b ⬭ Bestellung

**42 Name** Herr/Frau

**43 Firma**

**44 Kontakt** Telefon

**45 Weitere Informationen**

Nur für die Bewertung

Notieren Sie direkt auf dem Antwortbogen, Seite 7.

## Sprachbausteine

Lesen Sie den folgenden Text. Welcher Ausdruck (a, b oder c) passt am besten in die Lücken 46–51? Markieren Sie Ihre Lösungen auf dem Antwortbogen.

Betreff: Neuer Gabelstapler defekt

---

Lieber Herr Steg,

danke für die pünktliche ____**46**____ des Gabelstaplers. Wir haben jetzt drei Tage lang damit gearbeitet. Leider haben wir ____**47**____, dass die Maschine nicht fehlerfrei funktioniert.

Die Batterien sind wahrscheinlich das Problem, ____**48**____ wir müssen sie schon nach einer Stunde Arbeitszeit wieder aufladen. In der Beschreibung steht aber, dass der Gabelstapler nach einer Aufladung vier Stunden lang arbeiten kann.

Diese Situation ist für uns sehr ____**49**____, da die Mitarbeiter viel länger brauchen, um die Ware in die Regale einzuräumen. Deshalb können wir unsere ____**50**____ nicht pünktlich erfüllen.

Bitte schicken Sie uns ____**51**____ einen Techniker, um die Maschine zu reparieren.

Mit freundlichen Grüßen
Abdul Grünberg

**46** **a** Abholung
**b** Bestellung
**c** Lieferung

**47** **a** erklärt
**b** festgestellt
**c** gezeigt

**48** **a** aber
**b** denn
**c** sondern

**49** **a** ärgerlich
**b** praktisch
**c** speziell

**50** **a** Abläufe
**b** Anträge
**c** Aufträge

**51** **a** bereits
**b** gerade
**c** sofort

## Schreiben

**52** Ein befreundeter Kollege schreibt Ihnen folgende Kurznachricht. Antworten Sie Ihrem Kollegen. Schreiben Sie Ihre Antwort direkt auf den Antwortbogen.

Kannst du mich bitte morgen zur Arbeit mitnehmen?

Tut mir leid, das geht leider nicht.

Warum denn nicht? Ich habe ein wichtiges Gespräch mit dem Chef.

Schreiben Sie direkt auf den Antwortbogen, Seite 8.

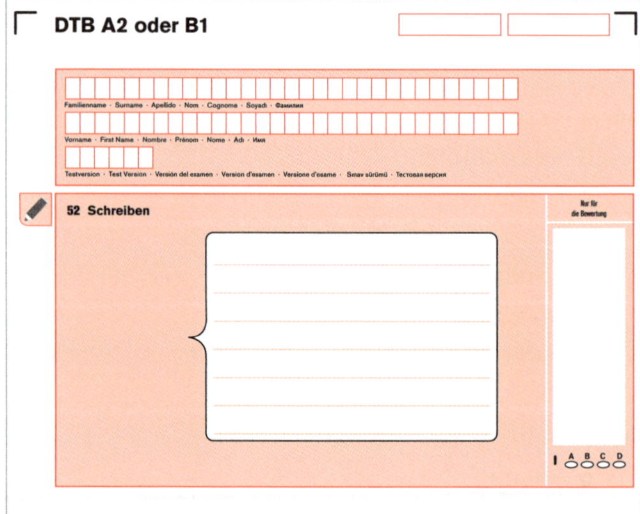
DTB A2 oder B1

52 Schreiben

## Mündliche Prüfung

### Teilnehmer/in A und B

### Teil 1A Über ein Thema sprechen (ca. 2 Minuten pro TN)

Wählen Sie ein Thema aus und sprechen Sie circa zwei Minuten darüber. Danach stellt Ihnen die Prüferin oder der Prüfer Fragen dazu. Zeigen Sie, was Sie können.

**Den Teilnehmenden werden jeweils zwei der folgenden sechs Themen angeboten:**

1. Beschreiben Sie **einen Arbeitgeber**, für den Sie gearbeitet haben oder arbeiten möchten (z. B. Was macht die Firma? Wie groß ist die Firma? Wo ist diese Firma? Was gefällt Ihnen?).

2. Beschreiben Sie **einen bestimmten Beruf** und warum Sie sich dafür interessieren (z. B. Aufgaben, Vor- und Nachteile, Besonderheiten).

3. Stellen Sie **Ihre berufliche Entwicklung** vor (z. B. Stationen in Ihrem Berufsleben, was haben Sie dort gelernt, wichtige berufliche Entscheidungen, Gründe dafür).

4. Erzählen Sie von **einem Produkt**, das Sie vor Kurzem gekauft haben (z. B. Funktion, Aussehen, Material, Größe, Preis, was Ihnen daran gefällt).

5. Beschreiben Sie **eine Person**, an der Sie sich beruflich orientieren möchten (z. B. wer, was macht die Person, was finden Sie gut/nicht gut, warum).

6. Beschreiben Sie, **wie die Jobsuche funktioniert**. Sprechen Sie über ein Land Ihrer Wahl (z. B. Angebote finden, Beratung, Bewerbung schreiben, Vorstellungsgespräch).

### Teil 1B Anschlussfragen beantworten (ca. 2 Minuten pro TN)

Im Anschluss an die Ausführung einer Teilnehmerin bzw. eines Teilnehmers stellt die Prüferin bzw. der Prüfer einige Fragen.

## Teilnehmer/in A und B

### Teil 2 Mit Kolleginnen und Kollegen sprechen (ca. 3 Minuten)

Sprechen Sie mit Ihrer Gesprächspartnerin oder Ihrem Gesprächspartner. Stellen Sie Fragen und antworten Sie.

**Teilnehmer/in A und B**

## Teil 3 Gemeinsam etwas planen (ca. 5 Minuten).

### Situation

Sie arbeiten beide in einem Café. Dort gibt es eine neue Kaffeemaschine, aber der Kaffee ist immer kalt. Die Kundinnen und Kunden beschweren sich.

### Aufgabe

Sprechen Sie mit Ihrer Partnerin oder Ihrem Partner über die Einzelheiten. Machen Sie Vorschläge.
Begründen Sie Ihre Vorschläge.
Gehen Sie auf die Ideen Ihrer Partnerin oder Ihres Partners ein.
Einigen Sie sich.

Diese Stichpunkte helfen Ihnen:

**Anderes Getränk?**

**Geld zurück?**

**Gutschein geben?**

**Kundendienst anrufen?**

**Neue Kaffeemaschine?**

**...?**

Auf den nachfolgenden Seiten erhalten Sie Informationen

- zu den Bewertungskriterien der Subtests *Schreiben* und *Sprechen*,
- zum Ablauf der gesamten Prüfung sowie
- zu den Punkten und der Gewichtung der Prüfung.

## Bewertungskriterien „Schreiben“

Die beiden Schreibleistungen zu *Lesen und Schreiben* und *Schreiben* werden mit den hier festgehaltenen inhaltlichen und sprachlichen Bewertungskriterien bewertet. Die Bewertung der inhaltlichen Angemessenheit erfolgt separat für die beiden Schreibleistungen und würdigt die Bearbeitung in Bezug auf die Aufgabenstellung. Die sprachliche Angemessenheit umfasst die kommunikative Gestaltung, die formale Richtigkeit und das Spektrum der sprachlichen Mittel als übergreifende Bewertung beider Leistungen. Die Kriterien lehnen sich eng an die Lernziele für einen Spezialberufssprachkurs mit dem Ziel B1 (siehe Lernzielkatalog) und den *Gemeinsamen europäischen Referenzrahmen für Sprachen* an.

Im Teil *Hören und Schreiben* werden vier Aspekte als richtig oder falsch bewertet. Die folgenden Kriterien gelten daher nicht für diesen Teil.

**Inhaltliche Angemessenheit**

**I** Kommunikatve Aufgabenbewältigung

**Sprachliche Angemessenheit**

**II** Kommunikative Gestaltung

**III** Formale Richtigkeit

**IV** Spektrum sprachlicher Mittel

**Inhaltliche Angemessenheit**

| | A | B | C | D |
|---|---|---|---|---|
| **Kriterium I Komm. Aufgabenbewältigung** | Setzt die Aufgabe entsprechend der Situierung am Arbeitsplatz und dem angezielten Niveau **voll adäquat** um. Schreibt die Adressaten angemessen und mit dem passenden Grad an Formalität an. | Setzt die Aufgabe entsprechend der Situierung am Arbeitsplatz und dem angezielten Niveau **überwiegend adäquat** um. Schreibt die Adressaten meistens angemessen und mit dem passenden Grad an Formalität an. | Setzt die Aufgabe entsprechend der Situierung am Arbeitsplatz und dem angezielten Niveau **nur teilweise adäquat** um. Schreibt die Adressaten nur bedingt angemessen und mit dem passenden Grad an Formalität an. | Setzt die Aufgabe entsprechend der Situierung am Arbeitsplatz und dem angezielten Niveau **nicht adäquat** um. Schreibt die Adressaten nicht angemessen und mit dem passenden Grad an Formalität an. |

## Sprachliche Angemessenheit

| | B1 gut erfüllt | B1 erfüllt | A2 erfüllt | A1 oder darunter |
|---|---|---|---|---|
| **Leistung liegt …** | … im oberen Bereich des Zielniveaus. | … auf dem Zielniveau. | … auf der Stufe unterhalb des Zielniveaus. | … zwei Stufen oder mehr unterhalb des Zielniveaus. |
| **Kriterium II Kommunikative Gestaltung** | Schreibt einen **zusammenhängenden Text** zu grundlegenden arbeitsplatzbezogenen Sachverhalten. Verbindet eine Reihe von Einzelelementen zu einer linearen, zusammenhängenden Äußerung. | Schreibt einen **einfachen, zusammenhängenden Text** zu grundlegenden arbeitsplatzbezogenen Sachverhalten. Verbindet eine Reihe von kurzen und einfachen Einzelelementen zu einer linearen, zusammenhängenden Äußerung. | Schreibt einen **einfachen Text** zu ganz grundlegenden arbeitsplatzbezogenen Sachverhalten. Benutzt die häufigsten Konnektoren, um einige einfache Sätze und Wortgruppen miteinander zu verbinden. | Schreibt einen **ganz einfachen Text**. Verbindet Wörter und Wortgruppen durch sehr einfache Konnektoren. |
| **Kriterium III Formale Richtigkeit** | Verwendet eine Reihe von **Formen und Wendungen in vertrauten Situationen** ausreichend korrekt. Fehler kommen vor, aber es bleibt klar, was ausgedrückt werden soll. Rechtschreibung, Zeichensetzung und Gestaltung sind so exakt, dass man den Text meistens gut verstehen kann. | Verwendet eine Reihe **geläufiger Formen und Wendungen in vertrauten Situationen** ausreichend korrekt. Fehler kommen vor, aber es bleibt weitestgehend klar, was ausgedrückt werden soll. Rechtschreibung, Zeichensetzung und Gestaltung sind so exakt, dass man den Text meistens verstehen kann. | Verwendet einige **einfache Strukturen** korrekt, macht aber noch systematisch elementare Fehler. Es wird weitgehend klar, was ausgedrückt werden soll. Die Rechtschreibung ist häufig phonetisch. | Zeigt nur eine begrenzte Beherrschung einiger weniger **einfacher grammatischer Strukturen und Satzmuster** in einem auswendig gelernten Repertoire. Man kann den Text nur schwer verstehen. |
| **Kriterium IV Spektrum sprachlicher Mittel** | Setzt **genügend sprachliche Mittel** ein, um gut zurechtzukommen. Der Wortschatz reicht aus, um die **wichtigsten Aspekte** eines Gedankens mit hinreichender Genauigkeit zu erklären und eigene Überlegungen auszudrücken. Verwendet einige komplexere Satzstrukturen. | Setzt **genügend sprachliche Mittel** ein, um zurechtzukommen. Der Wortschatz reicht aus, um **einige Aspekte** eines Gedankens zu erklären und eigene Überlegungen auszudrücken. Verwendet überwiegend einfache Satzstrukturen. | Setzt **kurze gebräuchliche Ausdrücke** ein, um einfache, **konkrete Bedürfnisse** zu erfüllen. Zeigt in routinemäßigen Situationen einen ausreichenden Wortschatz. Verwendet einfache Satzmuster, Wortgruppen und Redeformeln. | Setzt ein **sehr elementares Spektrum einfacher Wendungen** in Bezug auf persönliche, konkrete Themen ein. Zeigt einen elementaren Vorrat an einzelnen Wörtern und Wendungen. Verwendet sehr einfache Satzmuster und kurze Wortgruppen. |

Nach diesen Kriterien wurden auch die beiden authentischen Schreibleistungen in den Lektionen 5 und 12 bewertet. Auf der nächsten Seite finden Sie die Bewertung und den Kommentar zur Begründung der Bewertung.

**Bewertung Schreibleistung 1 (Lesen und Schreiben Teil 2** und **Schreiben)**

| | | | |
|---|---|---|---|
| **Lesen und Schreiben Teil 2** | **I** Komm. Aufgaben-bewältigung | TN bearbeitet die Aufgabe entsprechend der Situierung nur teilweise adäquat. Es werden Gründe genannt, aber die Problemlösung bleibt unverständlich und unklar. | C |
| **Schreiben** | **I** Komm. Aufgaben-bewältigung | TN bearbeitet die Aufgabe entsprechend der Situierung am Arbeitsplatz und dem Niveau angemessen. TN äußert Bedauern, nennt einen passenden Grund für die Absage und macht einen Alternativvorschlag. | A |
| **aufgaben-über-greifende Bewertung** | **II** Komm. Gestaltung | Die Texte sind einfach strukturiert. Nebensatzkonstruktionen sind fehlerhaft und nicht immer verständlich. | A2 erfüllt |
| | **III** Formale Richtigkeit | Es gibt zahlreiche (elementare) Fehler in Grammatik und Rechtschreibung. Diese beeinträchtigen die Verständlichkeit der Texte. | A2 erfüllt |
| | **IV** Spektrum sprachlicher Mittel | TN verwendet einfache Satzmuster, Redemittel und Wortgruppen. Wortschatzmissgriffe beeinträchtigen die Verständlichkeit. | A2 erfüllt |

Insgesamt erhält der TN in der Bewertung 22,5 von 48 möglichen Punkten. Zum Teilergebnis *Schreiben* addieren sich noch die Leistungen von den Subtests *Hören und Schreiben Teil 2* sowie *Sprachbausteine* (s. Abschnitt Ermittlung des Teilergebnisses *Schreiben*).

**Bewertung Schreibleistung 2 (Lesen und Schreiben Teil 2** und **Schreiben)**

| | | | |
|---|---|---|---|
| **Lesen und Schreiben Teil 2** | **I** Komm. Aufgaben-bewältigung | Die Aufgabe wird voll adäquat umgesetzt, der Adressat wird angemessen mit dem passenden Grad der Formalität angeschrieben. Trotz ein paar Mängel sind Höflichkeit, Klarheit und Verbindlichkeit vorhanden. Der Text ist eindeutig verständlich – trotz einiger Fehler. | A |
| **Schreiben** | **I** Komm. Aufgaben-bewältigung | TN setzt die Aufgabe entsprechend der Situierung am Arbeitsplatz noch überwiegend adäquat um: Die Begründung ist noch akzeptabel, auch wenn sie ungenau ist („viel zu tun, weil schon gegessen"). TN schreibt den Kollegen angemessen und mit dem passenden Grad an Formalität an. | B |
| **aufgaben-über-greifende Bewertung** | **II** Komm. Gestaltung | TN schreibt einfache, aber zusammenhängende Texte zu den arbeitsplatzbezogenen Situationen der beiden Aufgaben. TN verbindet eine Reihe von kurzen und einfachen Einzelelementen zu linearen, zusammenhängenden Äußerungen. | B1 erfüllt |
| | **III** Formale Richtigkeit | TN verwendet einige einfache Strukturen, die aber nicht immer korrekt sind (es fehlen Verben; Flexionsfehler) und TN macht noch systematisch elementare Fehler. Es wird weitgehend klar, was ausgedrückt werden soll. | B1 erfüllt |
| | **IV** Spektrum sprachlicher Mittel | TN benutzt überwiegend passenden Wortschatz für die beiden Aufgaben, auch wenn einige Stellen Wortschatzfehler enthalten (z. B. Bonus). | B1 erfüllt |

Insgesamt erhält der TN in der Bewertung 40,5 von 48 möglichen Punkten. Zum Teilergebnis *Schreiben* addieren sich noch die Leistungen von den Subtests *Hören und Schreiben Teil 2* sowie *Sprachbausteine* (s. Abschnitt Ermittlung des Teilergebnisses *Schreiben*).

## Bewertungskriterien „Sprechen“

Im Subtest *Sprechen* wird die mündliche Leistung nach vier Kriterien bewertet. Im Kriterium Aufgabenbewältigung wird beurteilt, ob die Aufgabe niveaugerecht inhaltlich realisiert ist. Die Kriterien Aussprache und Intonation, formale Richtigkeit und Spektrum sprachlicher Mittel erfassen die sprachliche Umsetzung der Aufgabe. Der Subtest *Sprechen* besteht aus mehreren Teilaufgaben. Kriterium I (Aufgabenbewältigung) wird in allen Teilaufgaben separat bewertet. Kriterien II bis IV beziehen sich dagegen auf die Leistung, die die Teilnehmerin bzw. der Teilnehmer während der gesamten mündlichen Prüfung zeigt.

Die Kriterien lehnen sich eng an die Lernziele für einen Spezialberufssprachkurs mit dem Ziel B1 (siehe Lernzielkatalog) und den *Gemeinsamen europäischen Referenzrahmen für Sprachen* an.

**Inhaltliche Angemessenheit**

**I** Kommunikative Aufgabenbewältigung

**Sprachliche Angemessenheit**

**II** Aussprache und Intonation

**III** Formale Richtigkeit

**IV** Spektrum sprachlicher Mittel

**Inhaltliche Angemessenheit**

| | A | B | C | D |
|---|---|---|---|---|
| **Kriterium I Komm. Aufgabenbewältigung** | Setzt die Aufgabe entsprechend der Situierung am Arbeitsplatz und dem angezielten Niveau **voll adäquat** um. Spricht die Adressaten angemessen und im passenden Register an. Kann sich relativ mühelos spontan ausdrücken; Stockungen kommen vor. | Setzt die Aufgabe entsprechend der Situierung am Arbeitsplatz und dem angezielten Niveau **überwiegend adäquat** um. Spricht die Adressaten meistens angemessen und im passenden Register an. Drückt sich nicht mühelos spontan aus; Stockungen kommen mehrfach vor. | Setzt die Aufgabe entsprechend der Situierung am Arbeitsplatz und dem angezielten Niveau **nur teilweise adäquat** um. Spricht die Adressaten oft nicht angemessen, mit dem passenden Grad an Formalität an. Stockt häufig und muss neu ansetzen. | Setzt die Aufgabe entsprechend der Situierung am Arbeitsplatz und dem angezielten Niveau **nicht adäquat** um. Stellt einen elementaren sozialen Kontakt her. Macht viele Pausen, um nach Ausdrücken zu suchen. |

### Sprachliche Angemessenheit

| | B1 gut erfüllt | B1 erfüllt | A2 erfüllt | A1 oder darunter |
|---|---|---|---|---|
| **Kriterium II Aussprache und Intonation** | Die Aussprache ist **verständlich, wenn auch akzentgefärbt**. Die Intonation unterstützt das Gesagte. | Die Aussprache ist **weitestgehend verständlich, wenn auch deutlich akzentgefärbt**. Die Intonation unterstützt das Gesagte im Allgemeinen. | Die Aussprache ist **grundsätzlich verständlich, jedoch so stark akzentgefärbt**, dass Rückfragen immer wieder nötig sind. Satz- und Wortakzent unterstützen das Gesagte teilweise. | Die Aussprache eines sehr begrenzten sprachlichen Repertoires kann **mit einiger Mühe verstanden** werden. Satz- und Wortakzent tragen nicht zur Verständlichkeit bei. |
| **Kriterium III Formale Richtigkeit** | Verwendet ein Repertoire von **Formen und Wendungen in vertrauten Situationen ausreichend korrekt**. Fehler kommen vor, aber es bleibt klar, was ausgedrückt werden soll. Korrigiert Fehler auf ein Signal des Gesprächspartners. | Verwendet ein Repertoire von **häufig verwendeten Formen und Wendungen in vertrauten Situationen ausreichend korrekt**. Fehler kommen vor, aber es bleibt weitestgehend klar, was ausgedrückt werden soll. Setzt bei Problemen neu an. | Verwendet einige **einfache Strukturen korrekt, macht aber noch systematisch elementare Fehler**. Es wird weitgehend klar, was ausgedrückt werden soll. | Zeigt nur eine begrenzte **Beherrschung einiger weniger einfacher grammatischer Strukturen und Satzmuster** in einem auswendig gelernten Repertoire. |
| **Kriterium IV Spektrum sprachlicher Mittel** | Verfügt über **genügend sprachliche Mittel**, um gut zurechtzukommen. Der **Wortschatz** reicht aus, um die wichtigsten Aspekte eines Gedankens mit hinreichender Genauigkeit zu erklären und eigene Überlegungen auszudrücken. **Verwendet einige komplexere Satzstrukturen.** | Verfügt über **genügend sprachliche Mittel**, um zurechtzukommen. Der **Wortschatz** reicht aus, um einige Aspekte eines Gedankens zu erklären und eigene Überlegungen auszudrücken. **Verwendet überwiegend einfache Satzstrukturen.** | Verfügt über **kurze gebräuchliche Ausdrücke**, um einfache, konkrete Bedürfnisse zu erfüllen. Verfügt in routinemäßigen Situationen über einen ausreichenden Wortschatz. **Verwendet einfache Satzmuster, Wortgruppen und Redeformeln.** | Verfügt über ein **sehr elementares Spektrum einfacher Wendungen in Bezug auf persönliche, konkrete Themen.** Verfügt über einen elementaren Vorrat an einzelnen Wörtern und Wendungen. **Verwendet sehr einfache Satzmuster und kurze Wortgruppen.** |

## Ablauf der gesamten Prüfung

### Schriftliche Prüfung

Die Schriftliche Prüfung dauert insgesamt 95 Minuten und besteht aus den Subtests *Lesen, Hören, Sprachbausteine* und *Schreiben*. Im unmittelbaren Anschluss an den Subtest *Lesen* stellen die Prüfungsteilnehmenden ihre kombinierten Fähigkeiten unter Beweis: *Lesen und Schreiben*. Gleichfalls wird im Anschluss an den Subtest *Hören* die Kombination *Hören und Schreiben* gefordert.

Vor Beginn der Prüfung füllen die Teilnehmenden alle Datenfelder des Antwortbogens S30 aus. Um Missverständnisse zu vermeiden, schreibt die Prüfungsaufsicht den Namen des Prüfungszentrums, die Datumsangabe sowie die vollständige Nummer der Testversion, die links unten auf dem Aufgabenheft S10 angegeben ist, an die Tafel. Die Prüfungsaufsicht informiert die Teilnehmenden, dass Hilfsmittel wie Wörterbücher, Handys oder sonstige elektronische Geräte nicht erlaubt sind und jeder Täuschungsversuch zum sofortigen Ausschluss von der Prüfung führen würde.

Nachdem die Teilnehmenden ihre persönlichen Daten auf dem Antwortbogen eingetragen haben, teilt die Prüfungsaufsicht die Aufgabenhefte aus. Ab diesem Moment stehen den Teilnehmenden 60 Minuten für die Subtests *Lesen* und *Lesen und Schreiben* zur Verfügung. Die Uhrzeit für Beginn und Ende dieses Prüfungsabschnitts sollte für alle Teilnehmenden gut sichtbar vermerkt werden.

Im Anschluss bearbeiten die Teilnehmenden die Subtests *Hören* und *Hören und Schreiben.* Das Abspielen der Tonaufnahmen darf während der Subtests nicht unterbrochen werden. Der Subtest dauert ca. 25 Minuten. Nach dem Subtest *Hören und Schreiben* setzen die Teilnehmenden ihre Bearbeitung mit dem Subtest *Sprachbausteine und Schreiben* fort und beenden nach weiteren 10 Minuten die Schriftliche Prüfung.

### Mündliche Prüfung

Die Mündliche Prüfung kann nur von zwei lizenzierten Prüfenden abgenommen werden. Die Prüfung ist als Paarprüfung konzipiert und dauert ca. 16 Minuten. Die bzw. der Prüfungsverantwortliche entscheidet über die geeignete Zusammensetzung der Prüfungspaare.

Vor der Prüfung sollte ein Zeitplan erstellt werden, der für jeden Prüfungsdurchgang 20 Minuten vorsieht.

### Was wird von den Teilnehmenden erwartet?

Die Teilnehmenden sollten sich vor der Prüfung mit dem Ablauf der Mündlichen Prüfung vertraut machen. In **Teil 1A** und **Teil 1B** stehen sechs Themen zur Auswahl. In **Teil 1A** spricht Teilnehmer/in A ca. 2 Minuten über ein Thema. Zur Auswahl stehen zwei der in diesem Übungstest angegebenen Themen. Die Teilnehmenden stellen sich dem Prüfenden (Interlokutor) vor und sprechen über eines der beiden Themen. Die Prüfenden stellen einige Anschlussfragen.

In **Teil 2** führen die beiden Teilnehmenden ein informelles Pausengespräch miteinander, wie es unter Arbeitskolleginnen und -kollegen üblich sein könnte. Einige Impulse auf einem Aufgabenblatt bieten Unterstützung an. Die Gesprächsthemen können zum Beispiel der Weg zur Arbeit, Arbeitszeiten, Freizeitgestaltung, Familie, Kinder oder diverse andere Themen sein, die typisch für Gesprächssituationen mit einer arbeitsplatzorientierten Einbettung sind.

In **Teil 3** planen die Teilnehmenden in der Rolle von Kolleginnen und Kollegen etwas gemeinsam. Beispiele können der geplante Besuch einer gemeinsamen Fortbildungsveranstaltung, der gemeinsame Gang in die Mittagspause oder eine Absprache (Wer macht was?) am Arbeitsplatz sein.

## Punkte und Gewichtung

In der Prüfung *Deutsch-Test für den Beruf B1* können insgesamt 240 Punkte erreicht werden, die sich zu jeweils 25 Prozent auf die vier Fertigkeiten *Lesen, Hören, Schreiben* und *Sprechen* verteilen.

| | Aufgaben | Items | Punkte pro Item | Punkte |
|---|---|---|---|---|
| **Lesen** | 5 | 20 | 3 | 60 |
| **Hören** | 5 | 20 | 3 | 60 |
| **Schreiben** | 4 | | | 60 |
| **Sprechen** | 3 | | | 60 |
| **Total** | | | | **240** |

Zu jeder Fertigkeit sind mehrere Aufgaben zu bearbeiten. Eine Besonderheit der Prüfung *Deutsch-Test für den Beruf B1* ist, dass es gemischte Aufgaben gibt, die sowohl die rezeptiven Fertigkeiten *Lesen* und *Hören* prüfen als auch die produktive Fertigkeit *Schreiben*. Die folgende Tabelle gibt einen Überblick über die Aufgaben- und Punkteverteilung:

| Aufgabe | Fertigkeit | Item | Punkte | Summe |
|---|---|---|---|---|
| Lesen Teil 1 | Lesen | 1–5 | 5 × 3 | 15 |
| Lesen Teil 2 | Lesen | 6–9 | 4 × 3 | 12 |
| Lesen Teil 3 | Lesen | 10–13 | 4 × 3 | 12 |
| Lesen Teil 4 | Lesen | 14–18 | 5 × 3 | 15 |
| Lesen und Schreiben Teil 1 | Lesen | 19–20 | 2 × 3 | 6 |
| Lesen und Schreiben Teil 2 | Schreiben | 21 | 15 | 15 |
| Hören Teil 1 | Hören | 22–29 | 8 × 3 | 24 |
| Hören Teil 2 | Hören | 30–31 | 2 × 3 | 6 |
| Hören Teil 3 | Hören | 32–35 | 4 × 3 | 12 |
| Hören Teil 4 | Hören | 36–40 | 5 × 3 | 15 |
| Hören und Schreiben Teil 1 | Hören | 41 | 1 × 3 | 3 |
| Hören und Schreiben Teil 2 | Schreiben | 42–45 | 6 | 6 |
| Sprachbausteine | Schreiben | 46–51 | 6 × 1 | 6 |
| Schreiben | Schreiben | 52 | 6 | 6 |
| Sprechen Teil 1A | Sprechen | | 6 | 6 |
| Sprechen Teil 1B | Sprechen | | 6 | 6 |
| Sprechen Teil 2 | Sprechen | | 8 | 8 |
| Sprechen Teil 3 | Sprechen | | 10 | 10 |
| aufgabenübergreifende Bewertung Kriterium II–IV | Schreiben | | | 27 |
| | Sprechen | | | 30 |

## Ermittlung des Teilergebnisses *Schreiben*

Der Subtest *Schreiben* setzt sich aus folgenden Aufgaben zusammen:

- **Lesen und Schreiben Teil 2**
- **Hören und Schreiben Teil 2**
- **Schreiben**
- **Sprachbausteine**

Die Bewertung erfolgt auf Grundlage von Kriterien oder bei weniger komplexen Aufgaben als Entscheidung darüber, ob die richtige Lösung gefunden wurde oder nicht.

Die erreichbaren Punkte setzen sich wie folgt zusammen:

| | **Aufgabe** | **Item** | **Kriterium** | **A** | **B** | **C** | **D** |
|---|---|---|---|---|---|---|---|
| nach Kriterien | Lesen und Schreiben Teil 2 | 21 | Kriterium I | 15 | 11 | 6 | 0 |
| | Schreiben | 52 | Kriterium I | 6 | 4,5 | 2,5 | 0 |
| | | | | **B1 gut erfüllt** | **B1 erfüllt** | **A2 erfüllt** | **unter A2** |
| | aufgabenübergreifende Bewertung | | Kriterium II | 9 | 7 | 3,5 | 0 |
| | | | Kriterium III | 9 | 7 | 3,5 | 0 |
| | | | Kriterium IV | 9 | 7 | 3,5 | 0 |

| | **Aufgabe** | **Item** | **Anzahl der Items** | **Punkte pro Item** | **Gesamtpunktzahl** |
|---|---|---|---|---|---|
| richtig / falsch | Hören und Schreiben Teil 2 | 42–44 | 3 | 1 | 3 |
| | | 45 | 1 | 3 | 3 |
| | Sprachbausteine | 46–51 | 6 | 1 | 6 |

### Ermittlung des Teilergebnisses *Sprechen*

Der Subtest *Sprechen* setzt sich aus folgenden Aufgaben zusammen:

- **Über ein Thema sprechen**
- **Anschlussfragen beantworten**
- **Mit Kolleginnen und Kollegen sprechen**
- **Gemeinsam etwas planen**

Die erreichbaren Punktewerte setzen sich wie folgt zusammen:

| | **Aufgabe** | | **Kriterium** | **A** | **B** | **C** | **D** |
|---|---|---|---|---|---|---|---|
| **nach Kriterien** | 1A | Über ein Thema sprechen | Kriterium I | 6 | 4,5 | 2,5 | 0 |
| | 1B | Anschlussfragen beantworten | Kriterium I | 6 | 4,5 | 2,5 | 0 |
| | 2 | Mit Kolleginnen und Kollegen sprechen | Kriterium I | 8 | 6 | 3 | 0 |
| | 3 | Gemeinsam etwas planen | Kriterium I | 10 | 7,5 | 4 | 0 |
| | | | | **B1 gut erfüllt** | **B1 erfüllt** | **A2 erfüllt** | **unter A2** |
| | aufgabenübergreifende Bewertung | | Kriterium II | 10 | 7,5 | 4 | 0 |
| | | | Kriterium III | 10 | 7,5 | 4 | 0 |
| | | | Kriterium IV | 10 | 7,5 | 4 | 0 |

### Ermittlung des Gesamtergebnisses

Zum Bestehen der Prüfung müssen 60 Prozent der Gesamtpunkte erreicht werden (144 Punkte). Zudem müssen mindestens drei der vier Subtests *Lesen, Hören, Schreiben* und *Sprechen* ein Ergebnis über 60 Prozent aufweisen (36 Punkte); in einem Subtest kann eine schwächere Leistung ausgeglichen werden, sofern das erreichte Teilergebnis im Bereich zwischen 40 und 60 Prozent liegt.

Weitere Informationen zum Ablauf der Prüfung finden Sie in den Übungstests, die Sie auf unserer Webseite herunterladen oder bestellen können: **www.telc.net**